MOEWIG

EIN PLAYBOY TASCHENBUCH
IM MOEWIG VERLAG

PLAYBOY

REPORT

Terry Farnsworth

OBEN SIND NOCH SESSEL FREI

Strategie und Taktik der Erfolgreichen

MOEWIG

Genehmigte Taschenbuchausgabe
Umschlagillustration: PLAYBOY/Werner Nydegger
Umschlagentwurf und -gestaltung: Franz Wöllzenmüller, München
Verkaufspreis inkl. gesetzl. Mehrwertsteuer
Auslieferung in Österreich:
Pressegroßvertrieb Salzburg, Niederalm 300, A-5081 Anif
Printed in Germany 1981
Gesamtherstellung: Ebner Ulm
ISBN 3-8118-6612-5

Einige der Aufsätze dieses Buches sind in veränderter Form in *Management Today*, *The Director* und *600 Magazine* erschienen; ich bin den jeweiligen Herausgebern Robert Heller, George Bull und Percy Levy für ihre Erlaubnis, sie hier zu verwenden, sehr dankbar. Ich möchte Peter Shepherd dafür danken, daß er einige der farbigsten Figuren des Unternehmensdschungels so lebendig gezeichnet hat.

Inhaltsverzeichnis

Brutus: Wer weiß nicht, daß der Ehrgeiz über die Leiter der Demut aufsteigt? Der Demut gilt sein Blick, an sie ist er geklammert. Kaum ist er oben, zeigt er der Demutsleiter seinen Rücken, sieht in die Wolken, mißachtet die Stufen, die ihn emporgeführt.
Shakespeare, *Julius Cäsar,* Akt II, Szene I

Vorwort

Über die wichtigsten Dinge in der freien Wirtschaft wird in den Hochschulen rein gar nichts gelehrt. Sicherlich können Sie dort Wissen erwerben und Methoden erlernen, aber das ist bloß die Spitze des unternehmerischen Eisbergs. Die Dinge, die wirklich zählen, liegen unter der Oberfläche, die Kenntnisse nämlich, die es Ihnen ermöglichen werden, zu überleben und voranzukommen.

Dieses Buch handelt von derartigen Kenntnissen und wie sie einzusetzen sind – und wie Sie andere daran hindern können, sie gegen Sie einzusetzen. Es behandelt die Menschen, denen Sie begegnen werden, die Situationen, denen Sie sich gegenübergestellt sehen werden, und zeigt Ihnen, wie Sie mit beiden richtig fertig werden können. Es hält keine Predigten und teilt keine Schläge aus. Es behandelt die Wirklichkeit, kein Wunschdenken.

Dieses Buch kann Ihren Erfolg in der Wirtschaft nicht garantieren, aber es wird Ihren Mißerfolg unwahrscheinlicher machen. Nach seiner Lektüre wird Ihr diplomatisches Fingerspitzengefühl größer geworden sein. Sie werden wissen, was hinter den Kulissen vor sich geht. Sie werden voraussichtlich nicht fähiger sein, aber fähiger *erscheinen.* Kurzum, es wird Ihnen helfen, *Ihres Glückes Schmied zu sein.*

Kapitel 1
Sechs Maßnahmen für das Überleben als Führungskraft

Denn ein lebendiger Hund ist besser als ein toter Löwe.
Prediger 9,4

Trotz der Krisen der allerletzten Jahre glauben viele Führungskräfte nach wie vor, selbst niemals zum Ausschuß gezählt werden zu können. Und doch hat sich immer wieder erwiesen, daß weder Alter noch Erfahrung, weder die Dauer der Betriebszugehörigkeit noch selbst fachliche Kompetenz ausreichenden Schutz bieten können, wenn der Henker umgeht. Während einer durch und durch unbarmherzigen Kostensenkungskampagne sind es oft sogar gerade die hochbezahlten Köpfe, die als erste rollen. Sehen Sie das richtig. Vorbei sind die Zeiten, als es noch ausreichte, die richtige Schule besucht oder »einen Freund bei Hofe« zu haben. Um in den turbulenten siebziger Jahren seinen Platz auf der Gehaltsliste zu behaupten, braucht jede Führungskraft eine einwandfreie Überlebensstrategie. Glücklicherweise gibt es eine Reihe erprobter Methoden, die Ihnen eigentlich einen Platz in der Mannschaft garantieren müßten, wenn Sie sie mit Geschick handhaben und mit Beharrlichkeit anwenden.

Intelligente und ehrgeizige Untergebene muß man strikt auf ihren Platz verweisen: Wenn Sie ihnen keine Zügel anlegen, stellen sie eine mächtige Gefahr für Ihr Überleben dar. Um diesem Typ bei seinem Höhenflug nachhaltig die Flügel zu stutzen, brauchen Sie sich lediglich vor Augen zu halten, daß er nur durch Geschäftigkeit nach oben kommt: Deshalb müssen Sie es so einrichten, daß er praktisch untätig vor einem leeren Schreibtisch sitzen bleibt. Vermeiden Sie es, ihm irgend etwas anderes als die allerbanalsten Routineaufgaben zu übergeben. Heucheln Sie mangelndes Gedächtnis, wenn er Sie fragt, ob Sie seinen letzten Bericht gelesen haben. Machen Sie eine dringende Sitzung geltend, wenn er Sie sehen möchte. Stellen Sie sicher, daß ihm keine wichtigen schriftlichen Unterlagen in die Hand geraten, bevor Sie Ihre Entscheidungen durchgesetzt haben. Und fragen Sie ihn auf keinen Fall jemals nach seiner Meinung.

Schon nach ein paar Monaten wird er wie eine hungrige Möwe die Flügel hängen lassen. Wenn Sie Glück haben, wird er sich sogar in die Art von fügsamem Konformisten verwandeln, dessen Existenz zu ignorieren Sie sich vollkommen leisten können – vielleicht mit der Ausnahme einiger freundlicher Worte bei der Weihnachtsfeier Ihres Betriebes. Selbst wenn man davon ausgehen muß, daß ihm noch etwas Initiative geblieben ist, haben Sie die besten Aussichten, daß er um seine Versetzung in eine andere Abteilung nachsucht. Selbstverständlich werden Sie seine Bewerbung im Interesse seiner »beruflichen Weiterentwicklung« energisch unterstützen. Er wird Ihnen seinerseits herzlich dankbar sein, und höheren Ortes wird man angesichts eines solchen Beweises Ihres rührenden Einsatzes für das Wohlergehen der Firma zustimmend nicken.

Wie unwissend auch immer Ihr Boß sein mag, Sie dürfen nicht den üblichen Fehler machen und klüger als er erscheinen. Erkennen Sie die Realität seiner überlegenen Feuerkraft und beachten Sie, daß sein Ego nicht weniger empfindlich als Ihres ist. Während Sie eine Konfrontation über einen wichtigeren Punkt immer vermeiden sollten, spricht vieles für die Inszenierung einer gelegentlichen »Auseinandersetzung« über etwas relativ Triviales, vorausgesetzt, Sie sorgen dafür, daß Sie verlieren. Das bedeutet aber, daß Sie sich im voraus darum kümmern müssen, ihm all die Fakten und Zahlen in die Hand zu spielen, die zur Sicherstellung Ihrer Niederlage nötig sind, denn es ist entscheidend, daß Sie ihn als einen zuverlässigen Gewinner präsentieren. Wenn er dummerweise die schwachen Punkte in Ihrer Argumentation nicht sofort erkennt, kann es sogar sein, daß Sie sie ihm (mit einer gekonnten Zurschaustellung momentaner Verwirrung oder Verlegenheit) selbst zeigen müssen.

Wenn Sie schließlich von Ihrem Vorgesetzten »geschlagen« sind, müssen Sie natürlich genau das richtige Maß an Verwunderung über seinen ungeheuren Scharfblick zeigen. Jeder Chef liebt einen guten Verlierer, und manchmal kann es sich wirklich lohnen, die Trostpreise einzuheimsen, die es für einen erstklassigen Schauspieler gibt – großzügige Gehaltserhöhungen, ein größeres Büro, eine beeindruckendere Berufsbezeichnung. Was noch wichtiger ist: Wenn Sie Ihr Handwerk gut beherrschen, wird er in Ihnen bald eine »reife« Führungskraft mit »positiven Einstellungen« sehen, deren Vorhandensein eine wesentliche Stütze seines eigenen Selbstbildes ist. Sie zu feuern wäre undenkbar.

Jeder leitende Mitarbeiter, der an der Spitze der Meute bleiben will, muß sich stets um die Entwicklung seines eigenen privaten Spionagenetzes kümmern. Sich auf die offiziellen Betriebsmitteilungen zu verlassen, heißt ganz einfach, sich der Gnade der Public-Relations-Abteilung auszuliefern. Viele leitende Mitarbeiter bemühen sich sehr darum, mit der Sekretärin des Generaldirektors auf gutem Fuß zu stehen, weil sie hoffen, von der gelegentlichen Indiskretion des Mädchens zu profitieren. Das ist ein so billiger und so leicht durchschaubarer Trick, daß er eigentlich ohne Ausnahme entdeckt - und übelgenommen - wird. Auch ist es nicht klug, sich zu sehr auf Gerüchte zu verlassen; sie bestehen allzuoft aus einer brodelnden Fülle von Phantasievorstellungen, die von den Profis des Wunschdenkens im Betrieb in Umlauf gesetzt wurden.

Die Leute, mit denen in Kontakt zu bleiben sich wirklich lohnt, sind diejenigen, die zwar Zugang zur Unternehmensspitze haben, die man aber für zu jung oder für zu desinteressiert hält, um die Bedeutung vertraulicher Informationen richtig einzuschätzen, selbst wenn sie in deren Besitz gelangen sollten. Solche Leute wie Damen, die Erfrischungen servieren, Registratoren, Büroboten und Betriebschauffeure stellen eine Art privilegierter Elite dar, für die die normalen Sicherheitsvorkehrungen nicht zutreffen. Zum Beispiel würde es den meisten Führungskräften niemals in den Sinn kommen, während einer Sitzung beim Servieren des Kaffees zu schweigen, selbst wenn das zur Diskussion stehende Thema streng geheim sein sollte. Und es ist keinesfalls ungewöhnlich, daß ein Vorsitzender seinen Chauffeur mit Leckerbissen an vertraulicher Information ergötzt, um die zermürbende Monotonie einer langen Autofahrt zu überspielen.

Dies sind die Leute, die wahrscheinlich in den möglichen Standort der neuen Produktionsstätte des Unternehmens eingeweiht sind oder Details über die bevorstehenden Veränderungen in der Unternehmensführung wissen. Auch sind sie durchaus gewillt zu sprechen, wenn Sie erst einmal freundschaftliche Beziehungen zu ihnen im Alltag hergestellt haben. Da sie es gewohnt sind, von der Mehrzahl der leitenden Mitarbeiter von oben herab behandelt oder ignoriert zu werden, reagieren sie schnell auf jeden, der sie wie normale Menschen behandelt.

Dynamische Trägheit

Zu den gängigsten Grundregeln der allgemein akzeptierten Managementtheorien gehört die Vorstellung, daß Fortschritt sowohl für Unternehmen wie für Individuen ständigen, niemals endenden Wandel bedeutet. In Kursen und Seminaren predigt man mit messianischem Eifer die Botschaft von der »Neuorganisation«, und man schafft ganz neue Abteilungen, um die bestehende Praxis zu untergraben, Methoden zu überdenken, Anomalien abzuschleifen und im allgemeinen jedem leitenden Mitarbeiter das Leben zur Hölle zu machen, der seine goldene Armbanduhr nicht in der allernächsten Zeit erhalten wird. Keine am Überleben interessierte Führungskraft wird sich einem Wandel jemals offen widersetzen, denn das würde bedeuten, sich selbst als »nicht flexibel« oder als »nicht kooperativ« abzustempeln und die Verbannung in irgendeine Leprastation der Betriebsführung weitab von den Goldminen zu riskieren. Statt dessen befolgt er drei einfache Regeln: Er ist begeistert, er ergreift die Initiative, und er läßt andere die Arbeit machen.

Jeder leitende Mitarbeiter, der einer von seinem Boß vorgebrachten neuen Idee mit Begeisterung zustimmt, muß per definitionem - nach der Definition seines Bosses - intelligent sein. Aber wenn er darüber hinausgeht und seine Dienste freiwillig zur Verfügung stellt, um die Idee zu verwirklichen, dann ist er fraglos ein Mann, den man im Auge behalten muß. Freiwillige Arbeit ist aus einer Reihe von Gründen von entscheidender Bedeutung. Erstens ist sie unter Führungskräften so selten anzutreffen, daß man sie als einen Akt nahezu selbstmörderischer Kühnheit betrachten muß; zweitens nimmt sie dem Boß selbst die Last der Durchführung ab; drittens - und wichtigstes von allem: freiwillige Arbeit versetzt Sie schließlich in die Lage, die weitere Entwicklung der Idee zu kontrollieren und die eher unerfreulichen Folgen im Keim zu ersticken - vor allem diejenigen, die Sie persönlich betreffen.

Von da an ist alles leichtes Spiel. Sie werden »Arbeitsstäbe« bilden, Komitees zusammenrufen, Beratungen abhalten, nach mehr Datenmaterial verlangen, Projekte einleiten; und gelegentlich - recht gelegentlich - werden Sie optimistische Memoranden und Berichte schreiben, die Ihren Boß davon überzeugen werden, daß ein weiterer wichtiger Durchbruch gelungen ist. Natürlich werden Sie ihm gestatten müssen, sich all die Arbeit, die andere für Sie getan haben, als Verdienst anzurechnen, aber das ist ein niedriger Preis dafür, ihn wieder einmal davon überzeugt zu haben, daß Sie noch vor Ehrgeiz brennen - und trotzdem keine Bedrohung seiner eigenen Sicherheit darstellen.

Diese Methode eignet sich besonders für mittlere Führungskräfte, die wenig Aussichten auf weitere Beförderung haben. Während sie im wesentlichen eine langfristige Strategie ist, läßt sie sich sehr wirkungsvoll mit jeder der vorher genannten kurzfristigen Methoden kombinieren. Das Ziel dieses Vorgehens ist es, sich im Betrieb ein Image zu schaffen, das Sie eigentlich feuerfest machen sollte. Praktisch streben Sie danach, sich im Betrieb an vorderster Stelle wohltuend nützlich zu machen, ein Mann zu werden, den jeder liebt und den niemand fürchtet. Wie läßt sich das erreichen?

Noch einmal: Sie müssen Ihren Stolz bezähmen und sich mit Begeisterung in das gesellige Leben des Betriebs werfen. Es gibt immer eine Menge unangenehmer Aufgaben, die niemand sonst übernehmen möchte: Schiedsrichter beim jährlichen Sportfest der Firma zu sein, die Weihnachtsparty zu organisieren oder Theaterbesuche für Mitglieder des Gesellschaftsklubs zu arrangieren. Natürlich werden Sie die administrative Kleinarbeit an Ihre Untergebenen delegieren, während Sie allgemeine Beachtung findende Regelungen selbst übernehmen. Aber immer wenn man Ihnen vor allem in der Öffentlichkeit zu Ihren Bemühungen gratuliert, werden Sie schnell der ungeheuren Hilfe, die Sie von jeder nur möglichen Stelle erfahren haben, Ihre Anerkennung zollen, womit Sie jeden versteckten Verdacht ausräumen, daß auch Sie nur Punkte für sich selbst ergattern wollen. Redewendungen wie »Teamleistung« und »Zusammenarbeit« können die gewünschte Wirkung besonders stark erzielen. Nach ein paar Jahren werden Sie feststellen, daß man in Ihnen eine Art von Betriebs-Albert-Schweitzer sieht. Wenn Sie erst einmal derart seliggesprochen sind, haben Sie eine Stelle auf Lebenszeit.

Viele Führungskräfte glauben, die beste Versicherung für eine Arbeitskraft gegen das Überflüssigwerden sei, in der Firma einen hochgestellten Freund oder Verwandten zu haben. Aber was geschieht, wenn er gefeuert oder degradiert wird oder aus der Firma ausscheidet? Sie werden Ihren Protektor verloren haben und sogar selbst das gleiche Schicksal erleiden können. Es ist sehr viel besser und sicherer, wenn Sie ein paar wirklich mächtige Freunde außerhalb der Firma haben, deren Namen bloß genannt zu werden brauchen, um selbst den eifrigsten Henker innehalten zu lassen. Aber welche Art von externen Kontakten sollten Sie aufzubauen versuchen? Die Antwort darauf beruht auf der Tatsache, daß alle Firmen Horror davor haben, ungünstig Aufsehen zu erregen: Folglich müssen Sie mit denen Freundschaft pflegen, die Wirbel machen können. Natürlich ist es immer gut, einen größeren Gesellschafter auf Ihrer Seite zu haben; auch kann es nicht schaden, wenn man weiß, daß Sie mit einigen der wichtigsten Kunden der Firma regelmäßig Golf spielen.

Die wirklich großen Treffer aber sind diejenigen, die über die Fähigkeit und die Mittel verfügen, Einfluß auf nationaler Ebene auszuüben - zum Beispiel Politiker, Journalisten und Produzenten der härtesten Sorte von Dokumentarberichten im Fernsehen. Die Tatsache, daß diese Herren sich in den meisten Fällen davor hüten würden, ihren Einfluß direkt zu Ihren Gunsten geltend zu machen - sagen wir für den Fall, daß Sie gefeuert wurden -, tut nichts zur Sache: Vom Standpunkt der Firma aus gesehen besteht immer die Möglichkeit, daß sie es tun, und dies ist ein Risiko, das einzugehen wenige Firmen gewillt sind. Organisationen neigen wie Menschen dazu, das Unbekannte zu fürchten.

Ein letzter Punkt. Während all diese Methoden Ihnen helfen werden, Sie gegen eine Entlassung durch Ihren jetzigen Arbeitgeber zu schützen, sind Sie im Fall einer Übernahme des Betriebes oder eines Firmenzusammenschlusses nicht annähernd so wirksam. Hier gibt es nur zwei Dinge, die Sie tun können: entweder ungerührt bleiben und das Beste hoffen oder von Bord gehen. Wenn Sie sich dafür entscheiden, die Firma zu verlassen, denken Sie daran, daß so manche stellungslose Führungskraft einen neuen Lebensunterhalt in der Unternehmensberatung gefunden hat, besonders bei jenen Firmen, die sich auf »Personalbeurteilungen« und »Bewertung von Führungskräften« spezialisieren. In der freien Wirtschaft ist noch immer Raum für einen Mann, der gewillt ist, anderen das anzutun, was andere ihm selbst angetan haben.

Kapitel 2
Sieben Todsünden

Ein Mann wird nur durch sich selbst vernichtet.
Thomas Bentley, *A Letter to Mr. Pope,* 1735

Es gibt eine Unmenge von Büchern darüber, wie man in der freien Wirtschaft vorankommt, aber nicht annähernd so viele darüber, wie leicht man Mißerfolg haben kann. Und doch ist Mißerfolg sehr viel üblicher als Erfolg: Wenige sind zur Größe berufen, aber viele werden überflüssig und stellungslos. Wie außerdem jede erfahrene Führungskraft weiß, ist Erfolg nicht einfach eine Frage der Fähigkeit; man muß auch wissen, welches Verhalten von einem erwartet wird.

In jeder Organisation gibt es bestimmte Verhaltensweisen, an die sich anzupassen von jeder Führungskraft erwartet wird. Wenn jemand sich nicht an diese ungeschriebenen Regeln hält, kann das ernsthafte Folgen für seinen individuellen Aufstieg haben, wie fähig auch immer er ansonsten sein mag. Man muß zugeben, daß das, was »unannehmbares Verhalten« bedeutet, sich von Firma zu Firma beträchtlich unterscheiden kann. Aber es gibt einige Verhaltensweisen, die sogar vom großzügigsten Standpunkt aus gesehen ganz sicher Kritik hervorrufen.

Dem außenstehenden Beobachter muß die moderne Aktiengesellschaft wie ein Satz ineinandersteckender chinesischer Kästchen erscheinen. Denn hinter der täuschenden Einfachheit des Organisationsplanes des Unternehmens versteckt sich eine scheinbar endlose Reihe von Abteilungen, Gruppen, Ressorts und Dezernaten, die alle festgefügte Grenzen und eifersüchtig bewachte Zuständigkeiten haben.

Auf jeder Ebene der Organisation kämpfen Führungskräfte mit der ganzen Grausamkeit wilder Räuberbanden darum, ihre Grenzen zu verteidigen. Ihre Waffen sind Stellenbeschreibungen, Dienstvorschriften und Verfahrensregeln, die zusammen eine Art von schützendem Minenfeld gegen Eindringlinge bilden. Soll nur eine Konkurrenzabteilung Anstalten zu Kompetenzüberschreitungen machen - diese Minen werden hochgehen, gefolgt von einem vernichtenden Kreuzfeuer unfreundlicher Vermerke! In solchen Unternehmen gleicht das Leben einem ständigen Bürgerkrieg, in dem das Schlachtfeld die Firma, nicht der Markt ist.

Diese Streitereien um Territorien reichen oft sogar bis in die untersten Ebenen der Organisation. »Das ist nicht mein Bier« wird als Schlachtruf unter Schreibkräften und Servierdamen ebenso gebräuchlich wie unter militanten Mechanikern und verärgerten Elektrikern. Die Folge davon ist, daß das Unternehmen wie ein angeschlagener Boxer dahintorkelt, eine leichte Beute für seine disziplinierteren Konkurrenten. Vor allem, wenn sie aus Amerika oder Japan kommen.

Sogar in der engeren Beziehung zwischen Chef und Untergebenen sind die territorialen Imperative gleichermaßen stark. Es gibt wenige Methoden, die so sicher den Zorn des Chefs auf den Mitarbeiter lenken, wie wenn er über dessen Kopf hinweggeht, das heißt, sich direkt mit den übergeordneten Ebenen der Betriebsführung in Verbindung setzt. Eine derartige Tat setzt unmittelbar ein ganzes Syndrom von Feindseligkeiten frei, das sich weitgehend aus Furcht und persönlicher Unsicherheit zusammensetzt. Wie aber kann ein an der Arbeit Interessierter sich trotz eines eifersüchtigen und reaktionären Chefs Hoffnung machen, daß seine Stimme gehört wird? Es ist alles ganz schön und gut, wenn der Strom ungehindert fließen kann, aber was geschieht, wenn der Abfluß verstopft ist?

Wenn jemand zu selbständig ist

Wenn Sie vorwärtskommen wollen, seien Sie nicht zu selbständig: Kompetenz ohne Servilität ist eine zum Scheitern verurteilte Kombination. Es spielt keine Rolle, welch schlechte Meinung Sie von Ihrem Boß haben mögen. Sie müssen daran denken, daß er über Ihr Schicksal im Unternehmen entscheidet; ohne seine Zustimmung können Sie nicht auf Aufstieg hoffen. Und wenn Sie diese Vorstellung entsetzt, dann kündigen Sie und machen Ihr eigenes Unternehmen auf. Sie werden wahrscheinlich nur auf Ihrer eigenen Leiter nach oben steigen können.

Hier sind eine Reihe von Methoden, wie Sie Ihren Selbständigkeitsquotienten überprüfen können: Neigen Sie dazu, mit Ihrem Boß auch dann noch zu diskutieren, wenn er seine Entscheidung getroffen hat? Sind Sie danach noch immer ärgerlich, weil man Ihre Meinung verworfen hat? Führen Sie seinen Plan nur mit mäßigem Eifer durch, während Sie anderen gegenüber deutlich machen, daß Sie mit seinem Scheitern rechnen? Ist es Ihnen, kurzum, vollkommen unmöglich, mit Anstand zu verlieren? Wenn dem so ist, ist eins sicher: Je länger Sie bleiben, desto frustrierter werden Sie sein.

Es gibt im Wirtschaftsleben keine größere Sünde, als zu unabhängig zu erscheinen. Einen Chef reizt es besonders, wenn er merkt, daß Sie seiner überlegenen Feuerkraft gegenüber gleichgültig sind, daß Sie sich mehr darum kümmern, was richtig ist, als darum, wer recht hat. Wenn Sie natürlich ausgesprochen kompetent sind und man Sie schwer ersetzen könnte, mag man Sie weitgehend sich selbst überlassen. Aber wehe Ihnen, wenn Sie Fehler machen!

Jedes Unternehmen versucht, einen Betriebspatriotismus zu schaffen, der ein gewisses »Zugehörigkeitsgefühl« pflegen soll. Wenn Sie sich so verhalten, als ob Sie Mitglied in einem Ein-Mann-Verein wären, bringen Sie damit praktisch zum Ausdruck, daß ein derartiger Patriotismus nirgendwohin führt, daß Sie niemanden außer sich selbst zur Treue verpflichtet sind. Natürlich können Sie dann kaum erwarten, befördert zu werden. Man wird Sie als Einzelgänger sehen, der dort bleiben sollte, wo er ist.

Erotische Eskapaden

Es ist eine der schnellsten Methoden, auf der Leiter der Führungskräfte nach unten zu rutschen, wenn Sie mit Ihrer Sekretärin eine Affäre haben: Im Berufsleben ist es gleichbedeutend mit Selbstmord. Immerhin sind Sie während der Bürozeiten mit dem Unternehmen verheiratet, und wenn Sie ihm wiederholt untreu sind, wird es sich sicherlich von Ihnen scheiden lassen. Sie sollten auch daran denken, daß Ihre Kollegen eifersüchtig sein werden, besonders diejenigen, deren eigene Vorstöße abgewiesen wurden.

Wie diskret auch immer Sie sind, die Affäre wird zwangsläufig entdeckt werden; danach wird sie Ihrem Chef schnell zu

Ohren kommen. Von da an wird man Sie streng überwachen, und selbst Ihre banalsten Fehler wird man auf romantisches Verträumtsein zurückführen. Auch Ihre Sekretärin wird nicht ungeschoren davonkommen. Ihre Kolleginnen werden Blicke wechseln, wann immer sie zum Diktat gerufen wird, und werden jede dieser Unterbrechungen mit schlecht verstelltem Entzücken genießen. Es mag wohl zutreffen, daß »die ganze Welt einen Liebenden liebt«, aber *nicht* in der Arbeitszeit, so scheint es.

Im Gegensatz dazu liegt für Affären außerhalb des Büros die Toleranzschwelle viel höher, besonders wenn die andere beteiligte Person nicht dem Betrieb angehört. »Was ein Mann in seiner Freizeit tut, geht uns nichts an«, ist der modisch großzügige Standpunkt der meisten höheren Vorgesetzten, die ängstlich darauf bedacht sind, sich selbst als Mann von Welt darzustellen. Wenn die Affäre aber problematisch werden und zunehmend Ihre Arbeit beeinträchtigen sollte, wird sich diese großzügige Einstellung schnell verflüchtigen. Und wenn Ihre frühere Geliebte Sie mit erregten Telefonanrufen überschütten oder - noch schlimmer - sich in den Kopf setzen sollte, an Ihren Chef zu schreiben, dann wird man Ihnen bald bedeuten, »sich zusammenzunehmen«. Oder zu gehen.

Wenn jemand zu kreativ ist

Über Kreativität im Wirtschaftsleben wird eine Menge Unsinn geredet. Wenn die Industrie tatsächlich die Ansichten bestimmter Managementtheoretiker übernehmen würde, müßte jede Führungskraft ein potentieller Edison sein. Die Wahrheit sieht natürlich ganz anders aus. Die meisten Organisationen haben große Schwierigkeiten, mit kreativen Menschen fertig zu werden: Diese haben die unglückselige Angewohnheit, das Schiff zum Schlingern zu bringen.

Dem kreativen Menschen ist nichts heilig, ob es sich um bestehende Unternehmenspolitik, Traditionen, Methoden oder Techniken handelt. Die Veränderung dieser Dinge anzustreben bedeutet nicht nur, daß man einige Leute in ihrer Routine stört. Das bedeutet auch, daß sie wieder zu lernen anfangen müssen, mit all den Mühen und möglichen Gefahren, die zu einem solchen Prozeß gehören. Denken Sie daran: Je älter oder erfahrener ein Mann ist, um so stärker ist er in dem verhaftet, was er bereits weiß. Wenn man von ihm fordert, sich neues Wissen und neue Fertigkeiten anzueignen, so ist das, als ob man einem Politiker rät, einen Kursus für Sprechen in der Öffentlichkeit zu besuchen. Ein solcher Rat mag wohl gerechtfertigt sein, aber er wird sehr wahrscheinlich nicht gern gehört.

Ein weiteres wichtiges Problem besteht darin, daß viele kreative Menschen abgrundtief schlechte Verkäufer sind: Sie glauben, daß sich eine Idee auch zwangsläufig durchsetzt, wenn sie nur gut genug ist. Sie müssen erst noch eine Grundregel des Infanteriekrieges lernen, daß nämlich ein Angriff in Massenformation über ein offenes Feld hinweg das sofortige Massaker durch die Maschinengewehre des Feindes hervorruft. Im Spezielleren müssen sie einsehen, daß ein einflußreicher Innovator alles in seiner Macht Stehende tut, um »als einer der Jungs« zu erscheinen: Er versucht niemals, seine Fähigkeiten zu sehr in den Vordergrund zu stellen. Es kann zweifellos Kraft kosten, so zurückhaltend zu sein, aber wenn Sie wollen, daß die Dinge sich ändern, gibt es kaum eine andere Alternative.

Alles hängt davon ab, welche Interessen Sie haben. Wenn Sie zum Beispiel Golf oder Rugby spielen, dann geben Sie sich lediglich der Art von vitalen Betätigungen hin, die Ihr Image als realistische Führungskraft bestätigen. Wenn Sie umgekehrt für Ballett schwärmen oder Antiquitäten sammeln, kann man Sie für zu weich veranlagt halten, um eine hohe Stellung im Unternehmen zu besetzen. Das mag lächerlich und vollkommen unfair erscheinen, aber wenn Sie mit Fairneß rechnen, sollten Sie nicht in der freien Wirtschaft arbeiten.

Allgemein gesagt sind alle Ballspiele annehmbar, besonders diejenigen, die große physische Kraft erfordern. Immerhin muß eine ehrgeizige Führungskraft fit bleiben, und wenn Sie Ihren Körper trainieren, dienen Sie damit der Firma. Intellektuelle Betätigungen sind eine ganz andere Sache. Ein Hobby wie etwa das Schreiben bedeutet, daß Sie nachweislich zu unabhängigem Denken befähigt sind; das kann Sie umgekehrt dazu verleiten, genau die Werte des Wirtschaftslebens zu unterminieren, die hochzuhalten man von Ihnen erwartet. Interesse an der Politik bringt die gleichen potentiellen Gefahren mit sich, denn Sie könnten sich durch den schlechten Führungsstil in Ihrem Betrieb dazu verführen lassen, das System als solches für schlecht zu halten. Es braucht nicht gesagt zu werden: Wenn bekannt wird, daß Sie irgendeiner linksgerichteten Organisation angehören, können Sie sofort anfangen, Ihren Schreibtisch abzuräumen. Ihre Tage werden so gezählt sein wie die Blätter im Herbst.

Auch wenn Sie Ihre Betätigungen auf die robusteren Sportarten beschränken, müssen Sie dennoch sicherstellen, daß Sie stark genug sind, alle Schläge auszuhalten. Es nützt nichts, Rugby zu spielen, wenn Sie dann ständig wegen kleinerer Verletzungen nicht zur Arbeit kommen werden; denken Sie daran, daß es keinen Betriebsphysiotherapeuten gibt, der dafür bezahlt würde, Sie fit zu halten. Wenn man Verdacht schöpft, daß Sie für Unfälle anfällig sind, können Sie leicht Ihren Zukunftsaussichten schaden. Es ist eine Sache, einen Unfall zu haben, der dem »Schicksal« zugerechnet wird, aber eine ganz andere Sache, Verletzungen zu erleiden, die Sie sich selbst zufügen.

Ein irregeleiteter Sinn für Humor

An anderer Stelle dieses Buches wird behauptet, daß Sinn für Humor Sie viele der Belastungen des Lebens als Führungskraft überstehen lassen wird. Obwohl das richtig ist, müssen Sie bei der Entscheidung darüber, was lustig ist, trotzdem äußerst scharfsichtig sein. Wenn zum Beispiel ein Untergebener stolpert und hinfällt, können Sie vor Lachen brüllen. Wenn das Ihrem Chef passiert, dann müssen Sie sich verhalten, als ob das eine persönliche Tragödie wäre.

Die Kunst, selbst dann ein unbewegtes Gesicht zu behalten, wenn Sie mit dem lächerlichsten Geschwätz konfrontiert werden, läßt sich – wie die meisten Fertigkeiten, die die Mühe lohnen – nicht leicht erwerben. Das bedeutet, daß Sie all Ihre kritischen Fähigkeiten sofort außer Kraft setzen und selbst auf die komischsten Situationen reagieren müssen, als ob sie normal wären. Wenn eine Abteilung im Betrieb zum Beispiel Arbeitskräfte entläßt, die eine andere Abteilung dringend benötigt hätte, müssen Sie in einem derartigen Mangel an Koordination nichts Ungewöhnliches sehen. Wenn man Sie auffordert, achthundert Kilometer zu fliegen, um an einer Sitzung teilzunehmen, die mittags beginnt und nach dem Mittagessen bereits beendet ist, dann müssen Sie Ihre Vorbehalte in bezug auf die Kostenrentabilität zurückhalten. Denken Sie daran, daß das alles zum besten in der besten aller möglichen Welten geschieht. Fragen Sie irgendeinen Public-Relations-Chef!

Die schlimmste Art von Humor, die Sie an den Tag legen können, ist der von der zynischen Sorte, weil er zeigt, daß Sie praktisch keine Ehrfurcht vor der Integrität der Betriebsführung haben. Mit anderen Worten: Ihr Denken ist derart abwegig, daß Sie, selbst wenn man Ihr Gehalt wesentlich erhöhte, noch argwöhnen würden, daß Ihre Kollegen mehr bekommen. Wenn Sie tatsächlich zu derartigen Reaktionen neigen, dann gibt es für Sie eigentlich keine Hoffnung - außer wenn Sie als V-Mann für den Kontakt mit den Gewerkschaften eingestellt wurden. Jeder gute Wildhüter muß wie ein Wilddieb denken.

Wenn man andere Firmen lobt

Wenn Sie sich einen Namen als Nervtöter vom Dienst machen wollen, dann sprechen Sie ständig über die anderen Firmen, für die Sie in der Vergangenheit gearbeitet haben. Und wenn Sie danach streben, als Kollaborateur Anerkennung zu finden, dann stellen Sie sicher, daß Sie sie mit den Nachteilen Ihres jetzigen Arbeitgebers vergleichen. Aber seien Sie nicht überrascht, wenn man Ihnen nahelegt zu kündigen. Selbst die gutmütigste Firma kennt Grenzen ihrer Geduld.

Es kann natürlich sein, daß Sie auf Ihre Tätigkeit in anderen Organisationen stolz sind. Und sie können im Vergleich zum Leben in Ihrer jetzigen Firma wie paradiesische Tage erscheinen, in denen echte Manager an Stelle von Dummköpfen Ihr Schicksal bestimmten. Selbst wenn dem so ist, wäre es klug, Ihre Ansichten nicht lauthals zu verkünden, besonders dann nicht, wenn man Sie bei einem erfolgreichen Konkurrenten abgeworben hat. Auch wenn man Sie genommen haben mag, um neue Ideen hereinzubringen, können Sie kaum erwarten, daß Ihre Kollegen das willig anerkennen. Immerhin hätte man Sie nicht gebraucht, wenn sie mehr Erfolg gehabt hätten.

Es ist daher am besten, die abscheulichen Vergleiche zu vermeiden und Ihre Ideen zu erörtern, ohne jemals zu erwähnen, daß andere Firmen sie anwenden. Auf diese Weise werden Sie nicht nur jedweden latenten Firmenchauvinismus umschiffen: Man wird Sie als originellen Denker sehen. Der Zeitpunkt, auf andere Firmen Bezug zu nehmen, ist dann gekommen, wenn Ihre Ideen durchgeführt worden sind und erfolgreich arbeiten. Sie können dann darauf hinweisen, daß »andere meinem Beispiel zu folgen scheinen«.

Wenn Sie natürlich vorher in quasi-verstaatlichten Industriebetrieben gearbeitet haben, so wird jeder meinen, daß sie viel in Vergesssenheit geraten zu lassen haben. Es spielt keine Rolle, wie fortschrittlich die Technologie oder wie human die Personalpolitik dort gewesen sein mögen, man wird Sie unbarmherzig zur Schnecke machen, wenn Sie versuchen sollten, deren Loblied zu singen. Wenn Sie umgekehrt ständig in abfälligem Ton auf sie Bezug nehmen, dann wird man Sie als einen Mann sehen, der so gescheit war, das Licht zu sehen.

Denken Sie schließlich daran, daß all diese Punkte lediglich allgemeine Richtlinien sind; es kann weitere Verbote geben, die speziell für Ihre Firma gelten. Aber irren Sie sich nicht: Je eher Sie feststellen, welche das sind, um so größer sind Ihre persönlichen Überlebenschancen. Denn nicht alles, was eine Rolle spielt, läßt sich in den Geschäftsregeln der Firma finden. Die ungeschriebenen Gesetze können genauso verbindlich sein.

Kapitel 3
Stationen der Panik

Aber die von hinten schrien »Vorwärts!«
Und die von vorne schrien »Zurück!«
Macaulay, *Lays of Ancient Rome Horatius* XXXI

Jeder, der ein ruhiges Leben liebt, sollte sich hüten, eine Führungskraft in der Industrie zu werden. Es gibt wenige Berufe, die die Kraft eines Menschen härteren Proben unterwerfen; daher auch die hohe Ausfallquote in den höheren Rängen. Und trotz der Schelte und Mäkeleien der Managementtheoretiker kann eine Führungskraft nicht immer ein Muster an Vernunft sein. Er wird in der realen Welt menschlicher Gefühle, in der Logik und Vernunft nicht immer die Oberhand haben.

Immerhin gibt es viele Kompensationen, nicht nur die materiellen Belohnungen, sondern die Befriedigung, die es einem bringt, wenn man mit einer Vielzahl von Problemen fertig wird, von denen einige groß, einige trivial sind, die aber alle ein gewisses Maß an Urteilsfähigkeit erfordern. Und wenn es ein Wesensmerkmal gibt, das ein Mann vor allen anderen zum Überleben braucht, dann ist es Sinn für Humor; ohne ihn kann fast jedes Problem wie eine Krise erscheinen. Natürlich gibt es eine Reihe von echten Krisen, die auch die bestens geführten

Unternehmen von Zeit zu Zeit heimsuchen. Die folgenden sind besonders häufig.

Das Kostensenkungsprogramm

Früher oder später gerät jedes Unternehmen in eine Periode der Rezession, in der der Absatz sinkt, die Stückkosten steigen und die kühnen Projekte für eine neue Welt auf Eis gelegt werden. Je stärker ein Unternehmen florierte, um so traumatischer sind die Folgen. Nahezu über Nacht verlieren überschwengliche Optimisten ihre Zuversicht, und das Gespenst der Arbeitslosigkeit schleicht durch die Gänge der Macht.

In solchen Zeiten stellt ein leitender Mitarbeiter fest, wer seine Freunde sind und ob seine Leistung der Firma wirklich etwas bedeutet. Denn das ist Ihnen doch klar: Jede Funktion ist vom Todesurteil bedroht, und kein noch so bedeutender vergangener Erfolg wird diejenigen retten, die man als entbehrlich einstuft. Jetzt richtet man die Scheinwerfer auf jene unproduktiven »Serviceabteilungen«: Werbung, Öffentlichkeitsarbeit, Absatzförderung, Ausbildung und – so ironisch das ist – Betriebsplanung. Das sind die naheliegendsten Opfer, die man über Bord werfen und sich dabei auf ein Minimum an Risiko für die Gewinne einlassen kann. Eine verführerische Vorstellung, die die meisten Unternehmen ohne Zögern übernehmen.

Selbst Funktionen auf soliderer Basis beginnen bald den Druck zu spüren. Das Verkaufspersonal wird dezimiert, Absatzprogramme werden auf die lange Bank geschoben, und in der Personalabteilung gibt es mehr und mehr leere Büros, Eine Welle puritanischen Eifers überschwemmt den Betrieb, die alle restlichen Spuren des Dolce vita mit sich fortträgt.

Absatztagungen werden verboten, Betriebsfeiern gestrichen und die Führungskräfte dringend angehalten, bei der Bewirtung von Kunden Kosten einzusparen. Die Ausgaben werden von machtdurstigen Rechnungsführern schonungslos geprüft, und jeder übriggebliebene Lebenskünstler wird schnell zurückgepfiffen.

Eins ist gewiß: Auch wenn das Unternehmen überlebt, wird es danach niemals dasselbe sein. Wie in einer Stadt, die sich von einem verheerenden Erdbeben erholt, werden die verbliebenen Betriebsangehörigen vorsichtig aus ihren Schlupfwinkeln hervorkriechen und sogar jetzt noch fürchten, die Feuerprobe könnte noch nicht vorbei sein. Das ist der Preis, den man für ein wirklich striktes Kostensenkungsprogramm zahlen muß: die Zerstörung des Vertrauens der Angestellten in die Zukunft des Unternehmens. Kein Wunder, daß in der Folgezeit so viele mit den Füßen abstimmen und eine Zuflucht suchen, wo sie vor möglichen zukünftigen Erschütterungen sicherer sind.

Das angeknackste Image

Es gibt wenige Situationen, die einen Betrieb stärker bedrohen als ein größerer Rückschlag in seinen Beziehungen zur öffentlichen Meinung, besonders wenn die Affäre in die Schlagzeilen gerät. Immerhin hängt der Fortbestand eines Unternehmens weitgehend vom Vertrauen der anderen ab. Es muß sich nicht nur die Unterstützung seiner Kunden und Aktionäre, sondern auch den guten Willen seiner Finanzquellen erhalten.

Darin liegt einer der vielen Gründe, warum die Posten der obersten Betriebsführung im letzten Jahrzehnt solche Schleudersitze geworden sind. Es bedarf nur einer unglücklichen

Entscheidung, eines Fehlurteils, um die Erfolge lebenslanger Bemühungen auszulöschen; denn nichts zieht die Aufmerksamkeit der Medien mit größerer Wahrscheinlichkeit auf sich als eine scheinbar uneinnehmbare Festung, deren Verteidigung zusammengebrochen ist. Es scheint eine besondere Befriedigung darin zu liegen, die Mächtigen gedemütigt zu sehen.

Alle möglichen Vorfälle können Aufsehen erregen, und oft sind es die relativ alltäglichen, die die schlimmste Publizität hervorrufen. Ein schlecht überlegter Hinauswurf, der zur Arbeitsniederlegung führt, taugt im allgemeinen wenigstens für ein paar Abschnitte in den meistgelesenen Tageszeitungen, besonders dann, wenn der entlassene Angestellte gutes Human-interest-Material ist, zum Beispiel, wenn er eine schwangere Frau hat oder ein weithin bekannter Laienprediger ist oder sich in der Sozialarbeit engagiert. Wenn derartige Faktoren gegeben sind, wird das Unternehmen kaum Sympathie in der Öffentlichkeit finden, ungeachtet dessen, ob seine Tat gerechtfertigt war. Zu den weiteren sicheren Verlustpunkten in der öffentlichen Meinung gehören: Personalentlassungen in Gebieten mit hoher Arbeitslosigkeit; unvorsichtige Äußerungen über bevorstehende Entlassungen; pikante Scheidungsfälle, in die höchste Mitarbeiter des Unternehmens verwickelt sind; und aufsehenerregende Verkehrsunfälle, die von wie der Teufel fahrenden Verkäufern verursacht wurden. Aber ohne Frage ergibt sich das schädlichste Aufsehen in der Öffentlichkeit vor allem dann, wenn eine Firma öffentlich beschuldigt wird, ihre Kunden durch Lieferung minderwertiger Produkte zu Höchstpreisen zu betrügen.

Ein Unternehmen, das von den Medien angegriffen wird, gleicht einem umstellten Lager. Der Belegschaft ist es verboten, mit Reportern zu sprechen; Sitzungen werden abgesagt und Konferenzen verschoben; und Direktoren eilen mit eisernen Mienen zu den Vorstandszimmern hinein und hinaus, wobei sie die Angestellten der Public-Relations-Abteilung wie Lotsenfische hinter sich herziehen. Schließlich kommt die Nachricht, auf die jeder gewartet hat: X wurde gefeuert, Y ist zurückgetreten und Z ist vorzeitig in den Ruhestand gegangen. Mit Anzeichen der Erleichterung macht sich die Organisation wieder an die Arbeit. Man hat die Götter besänftigt. Das Leben geht weiter.

Der sehr wichtige Besucher

Nur wenige Dinge verursachen in den Taubenschlägen der Führungskräfte größere Unruhe als die Ankunft eines mächtigen und einflußreichen Besuchers, vor allem wenn er sich kurzfristig anmeldet oder unangemeldet auftaucht. Je gefürchteter der Besucher ist, um so elektrisierter ist die Atmosphäre. Unter den leitenden Mitarbeitern breitet sich das Gefühl aus, wie Schafe eingesperrt zu sein, die auf den Angriff eines reißenden Tigers warten.

In neun von zehn Fällen verläuft alles glatt, und der Besucher wird an den dunklen Punkten vorbeigelotst. Aber gelegentlich gehen die Dinge ganz daneben, besonders wenn er es liebt, durch den Betrieb zu gehen und sich mit Arbeitern demokratisch zu unterhalten. Zum Schrecken des leitenden Angestellten in seiner Begleitung kann eine wohlmeinende Frage an einen sich nur zu deutlich ausdrückenden Angestellten manchmal einen Wortschwall auslösen, der alles auffliegen läßt. Manche beachtliche Verbesserung hat sich aus einem derartigen Zwischenfall ergeben, und im Stockwerk der Führungskräfte war die Verwirrung groß. Es sind daher nicht diejenigen Besucher, welche »die Bücher sehen wollen«, die man am meisten fürchtet. Es sind jene, die sich einbilden, »ein Mann des Volkes« zu sein.

In Tochtergesellschaften von multinationalen Konzernen ist die Stimmung oft besonders gedrückt, wenn Angehörige der obersten Konzernführung aus dem Mutterland kommen. Wieder sind es nicht so sehr die sorgfältig geplanten, Wochen vorher bekannten Besuche, die die größte Panik hervorrufen: Es sind diejenigen, die vollkommen unerwartet kommen. »Da ich gerade hier in der Stadt bin, wollte ich einmal vorbeischauen«, ist eine Bemerkung, die wenige Führungskräfte mit Gleichmut hören können. Allzuoft kündigt das eine spektakuläre Kostensenkungsrunde und »Umgruppierungen der Führungskräfte« an, was einem Unternehmen den Anschein gibt, von den Vandalen geplündert worden zu sein.

Besucher der öffentlichen Hand und Vertreter mächtiger Kapitalsammelstellen empfängt man im allgemeinen mit der großzügigsten Gastfreundschaft. Im Fall von Angehörigen des öffentlichen Dienstes scheut man keine Ausgabe, da man annimmt, daß sie den größten Teil ihres Lebens damit verbringen, in trostlosen Kantinen zu essen. Ganz im Gegensatz dazu bietet man bei Besuchen der eigenen Geschäftsführer oft nur belegte Brote in der Kneipe um die Ecke an. Der Grund hierfür ist natürlich nicht Sparsamkeit, sondern Politik. Man will damit zeigen, daß das Management den Gürtel enger schnallt.

Das Gerücht von der Betriebsübernahme

Im Gegensatz zur Meinung vieler Firmenvorstände beschränkt sich nicht jeder Arbeiter darauf, die Sportseiten der gängigen Boulevardzeitungen zu lesen: Manche lesen auch den Wirtschaftsteil. Die Bewegungen der Aktienkurse werden von den Spekulanten des Betriebs oft genauso gierig wie von den Anlageberatern der Investmenttrusts verfolgt.

Als Folge davon wird aller Klatsch in der Stadt über mögliche Übernahmen der Geschäftsführung oder Firmenzusammenschlüsse den arbeitenden Massen schnell mitgeteilt. In Büros und Werkskantinen hocken sich kleine, aber einflußreiche Gruppen zusammen, um die wahrscheinlichen Konsequenzen für Verdienst und Arbeitsplätze zu diskutieren. Gerüchte über drohende Entlassungen beginnen zu kursieren, und die augenblicklichen Abfindungsregelungen erfahren die gleiche peinlich genaue Aufmerksamkeit wie der Lohnstreifen. Es ist eine Zeit der Ungewißheit, in der sich keiner sicher fühlt, ob er nun am Fließband oder in der Zentrale arbeitet. Und alle Versuche der Betriebsführung, diese Gerüchte zu ersticken, sind zum Scheitern verurteilt. Es herrschen die Gerüchteköche. Die Menschen glauben das, was sie sagen.

Allmählich beginnt die Situation sich zu beruhigen, besonders wenn die Zeitungsartikel sich zuversichtlich über die Beschäftigungsaussichten äußern. Es ist tatsächlich vorgekommen, daß sich die Meinung innerhalb eines Betriebes vollständig um 180 Grad drehte, wenn die möglichen Vorteile einer Übernahme den Leuten einzuleuchten begannen. Natürlich ist das dann nicht der Fall, wenn das andere betroffene Unternehmen als Arbeitgeber im Stil »Heuern und Feuern« und mit einem unersättlichen Appetit auf »Rationalisierung« bekannt ist. Unter diesen Umständen gibt es Gerede über Betriebsbesetzungen, und die leitenden Angestellten beginnen, ihren Lebenslauf für Neubewerbungen zusammenzustellen.

Es braucht eigentlich nicht gesagt zu werden, daß eine Organisation, die sich mit solchen Gerüchten auseinanderzusetzen hat, nicht hoffen kann, effizient zu arbeiten. Die Produktivität sinkt, die Qualität leidet, und Beschwerden der Kunden schenkt man kaum Aufmerksamkeit. Nirgendwo ist die Wirkung deutlicher als in den Rängen der obersten Betriebsführung, wo alle langfristigen Planungen zum Stillstand kommen; tatsächlich können selbst die kurzfristigen alltäglichen Entscheidungen praktisch paralysiert werden. Immerhin handelt es sich hier um Männer, die keine Gewerkschaft zu ihrem Schutz haben und deren Aussichten auf Wiederbeschäftigung in vielen Fällen trübe sind. Sie sind in Wirklichkeit die letzten ritterlichen Gefolgsleute, die fast vollständig vom Schutz ihres Unternehmens abhängig sind. Sie sind wie die Besatzung eines Schiffes, die keine Rettungsboote hat und in der nur jeder zwanzigste jemals schwimmen gelernt hat.

Die verworfene Planung

Jedes gut geführte Unternehmen durchläuft jährlich eine Periode der Schwangerschaft, an deren Ende seine Rahmenplanung für das kommende Jahr steht. Es ist eine Zeit großen Stresses, in der man Zahlen als unbrauchbar verwirft, die Geduld verliert und Sitzungen bis tief in die Nacht hinein zur Norm werden läßt. Es ist widersinnig, daß es derartig viel Traumatisches an einem Prozeß geben soll, der letzendlich auf nicht viel mehr als Mutmaßungen hinausläuft. Aber da es in den Firmen traditioneller Brauch geworden ist, in die Zukunft zu schauen, sehen die meisten Führungskräfte die Planung als eine wichtige Aufgabe an.

Der Zweck der Planung ist, sicherzustellen, daß das Unternehmen herstellen kann, was es verkaufen kann, und verkaufen kann, was es herstellen kann – und daß es über die notwendigen Hilfsmittel verfügt, um diese Ziele zu erreichen. Dazu gehört eine äußerst enge Zusammenarbeit zwischen so schlecht zusammenpassenden Paaren wie Produktion und Vertrieb, Finanzen und Personal, Produktwerbung und betriebseigene Forschung. Nach vielem Hin und Her und nach so manchem Kuhhandel wird die fertige Planung schließlich dem Vorstand vorgelegt (in multinationalen Unternehmen wird sie in der Regel von einem Wanderzirkus mächtiger Krieger aus der Muttergesellschaft auf Herz und Nieren geprüft).

Aber dann folgt der Schlag: Die Planung wird abgelehnt. Alle Betroffenen müssen jetzt wieder versuchen, einen Plan aufzustellen, der den Vorurteilen ihrer Herren entspricht. Sofort beginnen die Telefone zwischen der Zentrale und den Produktionsstätten heißzulaufen; Sitzungen der Abteilungen werden kurzfristig anberaumt; Rechnungsführer üben sich in der dringend gebrauchten Fertigkeit, die anstößigen Zahlen annehmbar zu frisieren. Für die Führungskräfte in den Abteilungen im Herzen des Mahlstroms wird der Arbeitstag unerträglich lang. Gesellschaftliche Verpflichtungen werden gestrichen. Ehefrauen müssen sich damit abfinden, allein zu essen, und sogar das Golfspiel am Samstagvormittag bleibt Erinnerung an schönere Zeiten. Es gibt nur noch eine Sache, die im Leben Bedeutung hat: die Planung durchzubringen – um jeden Preis.

Manchmal wiederholt sich dieser Zyklus zwei- bis dreimal, bis der Vorstand schließlich aus reinem Überdruß nachgibt. Sofort beherrscht eine Art von Karnevalsstimmung die Organisation, und lebenslängliche Feinde nicken sich im Fahrstuhl leutselig zu. In wenigen Tagen gehen viele leitende Mitarbeiter in Urlaub und lassen ihre Stellvertreter zurück, die dann mit den Details fertig werden sollen. Wenigstens für ein weiteres Jahr geht das Leben wieder im normalen Tempo weiter. Bald nicken sich auch jene lebenslänglichen Feinde im Fahrstuhl nicht mehr leutselig zu.

In jeder Situation, in der es einen Interessenkonflikt gibt, ob es sich um eine Machtprobe oder einen Geschicklichkeitstest handelt, ist es unvermeidlich, daß einige der an der Auseinandersetzung Beteiligten versuchen werden, die Regeln zu verändern - oder sie ganz zu mißachten, wenn die Einsätze hoch genug sind. Dies ist eine Tatsache im Leben, die von moralisierenden Politikern oft übersehen wird. Es hört sich recht gut an, wenn man Phrasen über seinen Glauben an die »arbeitende Bevölkerung« drischt, aber was ist zu tun, wenn einige von ihnen falschzuspielen versuchen?

Viele wilde Streiks sind im Grunde Versuche, falschzuspielen, sich mit Gewalt zu nehmen, was mit vernünftigen Argumenten nicht zu bekommen ist. Sie werden ohne Unterschied sorgfältig zu einem Zeitpunkt durchgeführt, zu dem sie ein Maximum an Schwierigkeiten für das Unternehmen, seine Kunden und die allgemeine Öffentlichkeit verursachen. Die Wirkung auf die Firma ist natürlich direkt und brutal. Wenn nichts produziert wird, kann nichts verkauft werden, und unter Wettbewerbsverhältnissen hat die Konkurrenz freies Feld. Das Schauspiel einer einst stolzen Löwin, die von Hyänen gerissen wird, gehört nicht zu den verlockendsten Schauspielen der Natur, besonders dann nicht, wenn die Angreifer Unterstützung von den Löwenjungen erhalten. Aber so sieht die Wirklichkeit im Bereich der Wirtschaft aus.

Es ist die normale Reaktion der Betriebsführung, sich verzweifelt weiterhin abzurackern wie ein müder Ballmann, der im Kricket mit monotoner Wiederholung bis an die Spielfeldgrenze gejagt wird. Man hält Sitzungen ab, macht Vorschläge und fertigt die auf der Lauer liegenden Reporter mit »Kein Kommentar« ab. Im Fall einer längeren Arbeitsunterbrechung erscheinen übermüdete leitende Mitarbeiter auf dem Bildschirm, um von »unparteiischen« Interviewern ausführlich befragt zu werden - oft von Männern, die nichts von Wirtschaft verstehen und noch weniger Interesse daran haben. Inzwischen konzentrieren sich die Bemühungen daheim in der bestreikten Fabrik darauf, der Firma die Kunden zu erhalten, und jeden Tag vollbringt man wahre Wunder an Improvisation. Der Geist von Dünkirchen lebt wieder auf, aber dieses Mal steht der Feind innerhalb der Mauern.

Plötzlich wie nach einem Fieber ist die Krise vorbei. Die Fließbänder laufen, Lastwagen kommen und fahren wieder ab, und das Leben fällt in seine wenig zauberhafte Routine zurück. Aber es hat beträchtliche Unkosten gegeben, und man hat erhebliche Verluste erlitten. Die Löhne haben gelitten, Kunden gingen verloren, und man redet bereits darüber, daß Arbeitsplätze verlorengehen. Es war ein selbstmörderischer Kampf, den niemand gewonnen hat. Und doch weiß jeder, daß so etwas immer wieder geschehen wird.

Es gibt natürlich ein ganzes Panoptikum von kleineren Krisen, mit denen jede Führungskraft fertig zu werden lernt: die fehlende Unterlage, die der Boß in knapp fünf Minuten braucht; der Projektor, der während einer entscheidenden Vorführung nicht funktioniert; der zu Besuch kommende Dozent, der seinen Zug versäumt; die Reifenpanne auf dem Weg zu einem wichtigen Kunden. Diese Dinge können manchmal Sehnsucht nach einem friedlicheren Leben wecken. Aber so ist das Leben in der Wirtschaft nun einmal überall. Nur wer durchhält, wird seine Pension kassieren.

Kapitel 4
Die Geheimmethoden des Management

Verlasset euch nicht auf Fürsten
Psalm 146,3

Von all den Methoden, die im vergangenen Jahrzehnt auf Manager herabgeregnet sind, hat keinen größeren Einfluß gehabt als *Management by Objectives*, Führung durch Zielvorgabe. Der Erfolg von MBO war in der Tat so groß, daß andere bewährte Strategien bedenklich selten eingesetzt werden. Das Problem ist besonders im Fall frisch von der Hochschule kommender junger Wirtschaftler akut, die den Kampf ihrer Lehrzeit als Manager noch zu bestehen haben. Häufig verfügen diese Männer über ein Übermaß an Wissen, aber nur über ein Körnchen an Erfahrung im Ring, und sie müssen erst mehr Erfahrung in der Wirklichkeit der Unternehmensführung sammeln. Hier also sind sieben Alternativen zu MBO, die zu ignorieren sich kein Mann von Ehrgeiz erlauben kann. Wenn man sie klug auswählt und umsichtig anwendet, werden sie den vorhandenen Fertigkeiten noch Bedeutung und Perspektive verleihen.

Management by Zwang

Nach dieser Regel läßt sich die Menschheit in zwei Grundkategorien teilen: allmächtige Führer, denen bedingungslos zu gehorchen ist, und dickköpfige Untergebene, faul bis auf die Knochen, die sich nur durch Furcht vor Entlassung motivieren lassen. Da sich die meisten modernen Manager selbst als liberale und aufgeklärte Menschen sehen, ist diese etwas primitive Methode jetzt ausgesprochen aus der Mode; in der Tat treten nur ein paar Dinosaurier noch öffentlich dafür ein.

Im Management jedoch bedeutet die Tatsache, daß eine Philosophie in Ungnade gefallen ist, nicht, daß sie tot ist: es bedeutet ganz einfach, daß ihre Schüler größere Gerissenheit haben müssen. Während es zum Beispiel selten vorkommt, daß ein Boß einen Mann nur deswegen feuert, weil er ihn nicht mag, kann ihn nichts daran hindern, ihm eine Gehaltserhöhung vorzuenthalten oder den Namen des Mannes aus einer Beförderungsliste zu streichen. Sollte er allerdings eine wirklich unangenehme Person loszuwerden wünschen, so braucht er bloß den Arbeitsplatz des Mannes neu zu strukturieren, so daß dessen Schwächen zutage treten. Die folgende Entlassung wird dann zur reinen Formalität, und man wird den Boß ohne Ausnahme für seine Wachsamkeit loben.

Management by Konversion

Hängen Sie sich auf jeden Fall an einen aufsteigenden Kollegen an – aber seien Sie jederzeit bereit abzuspringen, wenn er zu straucheln beginnt. Die Anzeichen für einen Abwärtstrend im Glück Ihres Schutzherrn sind in der Regel unmißverständlich: häufige Abwesenheit zu Fortbildungskursen; seine plötzliche Wiederverwendung in einer »Beratungs«-Rolle; und am düstersten von allen die Aufgliederung seines Reiches in kleinere Einheiten (die alte römische Methode des »divide et impera«). Sobald sich die Geier zu sammeln beginnen, ist es für Sie Zeit, Ihre Fahne an einen anderen Mast zu heften. Sie werden umsichtig beginnen, Ihre »Vorbehalte« gegenüber der Politik Ihres Gönners bekanntwerden zu lassen. Sie werden dann in Sitzungen schweigen, wenn er auf Ihre Unterstützung wartet. Und bei einer zufälligen Unterhaltung mit seinen erbittertsten Gegnern werden Sie Ihre wachsende Ernüchterung bekennen.

Zu dem Zeitpunkt, an dem den Unglücklichen das Schicksal ereilt, sollte Ihre Konversion zum anderen Lager eigentlich abgeschlossen sein. Und da man Sie nicht im geringsten als Renegaten oder Überläufer verschmäht, werden Sie wie der Verlorene Sohn im Schoß der Herde willkommen geheißen werden. Aber denken Sie daran: Der Preis des Überlebens ist ewige Wachsamkeit. Halten Sie das Ohr immer fest an den Boden gepreßt. Nur die, die unmittelbar vor dem Ruhestand stehen, können es sich leisten, politischen Strömungen gegenüber unempfindlich zu sein.

Management by Desertion

Diese Methode wird den Führungskräften Frieden bringen, die sich über die Möglichkeit eines durch Überarbeitung verursachten Zusammenbruchs Sorgen machen. Wenn man sie konsequent praktiziert, wird sie im Grunde Ihre Pension garantieren. Wenn Sie allmählich von Ihren Problemen überwältigt werden, besteht die Lösung natürlich darin, sie zu delegieren. Hören Sie auf, diese Last zu schleppen, hören Sie auf, jeden Haufen zu heben, und geben Sie zu, daß Sie, wenn Sie morgen sterben würden, ersetzt werden könnten, ohne damit mehr als ein paar kleinere Wellen auf dem Ententeich Betrieb zu verursachen.

Jeder Manager braucht Zeit, um seine Batterien neu zu laden; haben Sie also keine Skrupel, Ihre Routineaufgaben zu delegieren. Immerhin ist es eine Ihrer Schlüsselaufgaben, Ihre Untergebenen zu fördern, und es gibt keinen Ersatz für die Erfahrung, die man bei der Arbeit gewinnt. Außerdem können Sie die gesparte Zeit einsetzen, um sich mit wichtigeren Dingen zu befassen, wie etwa der Einstellung zusätzlichen Personals. Viele Führungskräfte sind durch ihre Meisterschaft im Delegieren zu großen Höhen aufgestiegen; in der Tat sind einige immer als Vorsitzende von Vorstandskonferenzen gefragt. Nur wenige haben so wenig achtgegeben, daß sie gefeuert oder überflüssig wurden.

Natürlich kann man das Delegieren wie alles Gute übertreiben, und Sie müssen den Anschein wahren, voll engagiert zu sein. Dieses Problem läßt sich jedoch leicht lösen: Bestehen Sie einfach auf regelmäßigen schriftlichen Berichten über praktisch alles, was Sie delegieren. Der sich daraus ergebende Papierberg auf Ihrem Schreibtisch wird den Eindruck schaffen, daß Sie ein echter menschlicher Dynamo sind. Es muß nicht extra gesagt werden, daß man nur einen kleinen Teil dieses Materials wirklich zu lesen braucht.

Management by Ablenkung

In den Tagen des alten Rom wurden die ungeschlachten Massen durch den gekonnten Einsatz populärer Unterhaltungen wie etwa der Gladiatorenkämpfe von ihrem Elend abgelenkt.

In modernen Betrieben werden solche Bedürfnisse durch großzügige Nebenleistungen und Erholungsmöglichkeiten befriedigt. Es gibt für jeden etwas. Ein unzufriedener Mitarbeiter mag nicht viel Befriedigung in seiner Arbeit finden, aber wenigstens hat er eine Pension. So gelangweilt der Arbeiter am Fließband sein mag, er kann sich auf das Kegelturnier am Donnerstagabend im Betriebsklub freuen. Sekretärinnen können beim Schallplattenhören in der Mittagspause oder bei einem Tischtennisspiel neue Freundschaften schließen. Langjährige Betriebsangehörige, dem Pensionsalter nahe, können in den Zeitungen der Betriebsbibliothek herumschmökern.

Unterschätzen Sie niemals die Macht solcher Zerstreuungsstrategien: Sie haben in so mancher gespannten Situation den Dampf abgelassen. Immerhin ist es schwierig, jenen jungen Idioten in der Buchführungsabteilung weiterhin zu hassen, wenn Sie als sein Partner um den Chairman's Cup Golf gespielt haben. Ebenso wird das gelegentliche Mittagessen mit einer unter hartem Druck stehenden Sekretärin sie davon überzeugen, daß ihre Arbeit nicht umsonst gewesen ist. Firmen in amerikanischem Besitz sind besonders auf »Ablenkung« aus, weil das viele Gelegenheiten bietet, das »Gemeinschaftsgefühl der Angestellten« zu fördern. In der Tat gibt es in einigen Organisationen eine endlose Reihe von Tanzveranstaltungen und Verabredungen, was (wie man hofft) die Belegschaft ermuntern soll, sich mit dem Unternehmensmoloch zu identifizieren.

Management by Perversion

Dies ist einfach die Kunst, jede Mitteilung so zu frisieren, daß sie Ihren persönlichen Bedürfnissen entspricht. Nicht das, was

Sie sagen, sondern das, was Sie ungesagt lassen, ist von Bedeutung; nicht das, was Sie hineinbringen, sondern das, was Sie herauslassen. Diese Methode wird von Vorsitzenden der Unternehmen bei Jahreshauptversammlungen häufig angewendet. Es gibt aber auch eine Fülle anderer weniger auffälliger Anwendungsbereiche. Zum Beispiel sind viele »Leistungsbeurteilungsgespräche« nicht annähernd so objektiv, wie das ihre Anhänger behaupten; einige sind in der Tat bloße Manipulationsübungen. Die Strategie, die die »Beurteiler« in solchen Diskussionen anwenden, ist unterschiedslos die gleiche: Das Interesse und die hohe Motivation des Mannes aufrechterhalten, sich selbst aber niemals auf etwas Genaues festlegen. So versichert man so manchem Angestellten, daß seine »langfristigen Aussichten« ausgezeichnet sind, weil es einfach schwer sein würde, ihn zu ersetzen.

Eine ähnliche Methode wird von einigen Personalchefs Graduierten gegenüber angewandt, um vielversprechende junge Grünschnäbel in die Netze des Unternehmens zu locken. Manchmal werden erstaunliche Phantasiegebilde über die glänzenden Aufstiegschancen, die auf Nachwuchskräfte warten, gesponnen. Die Tatsache, daß diese Taktik zu Enttäuschung und zum Ausscheiden aus dem Betrieb führt, übersieht man angelegentlich. Überhaupt lassen sich derartige Verluste immer auf die Ausbildungsabteilung schieben. Aber haben Sie nicht zu viele Skrupel, diese Methode anzuwenden: Die meisten Menschen würden sich selbst äußerst ungern so sehen, wie andere sie sehen. Denken Sie jedoch immer daran, daß die Wahrheit eine Geliebte ist, die man zu sehr lieben kann.

Wie jeder kluge Manager weiß, ist der Weg zum Überflüssigwerden und zur Entlassung mit guten Ideen gepflastert. Trotz all dem nichtssagenden Konferenzgeschwätz über Initiative und Kreativität ist es sicherer, überhaupt keine Ideen zu haben, wenn man überleben möchte. Indem Sie das tun, was man Ihnen sagt, und unbekümmert weiterrackern, stellen Sie für niemanden eine Gefahr dar und können in den Hintergrund treten. Bald werden Sie als harmlose Dekoration angesehen werden, die nicht gefährlicher ist als eine Topfpflanze im Großraumbüro.

Unglücklicherweise wird man erwarten, daß Sie als Manager die Dinge gelegentlich verändern, und es bedarf großer Fertigkeit, zu verändern, ohne zu verändern. Manchmal können Sie selbst neue Wege weisen: Zum Beispiel lassen sich ein paar triviale Ergänzungen des Ablagesystems in Ihrer Abteilung Ihrem Boß gegenüber als größere Innovation verkaufen. Aber öfters werden Sie sich in Veränderungen verwickelt finden, die von anderen ausgelöst wurden, und dabei wäre es unklug, offene Kritik zu äußern. Viel besser ist es, sich zur Unterstützung zu verpflichten, das notwendige Minimum zu tun und im Grunde ungeschoren wieder aufzutauchen, wenn sich der Sturm gelegt hat. Täuschen Sie sich nicht: Begeisterte Worte und apathische Taten können selbst die radikalsten Veränderungen untergraben. Aber stellen Sie sicher, daß die Lage ungefährlich ist, bevor Sie die normale Arbeit wieder aufnehmen. Dies zu früh zu tun, könnte Sie gefährlich exponieren.

Diese Methode wird besonders von frustrierten Führungskräften bevorzugt, die danach streben, ihr Unternehmen für das Ausbleiben der Beförderung zu bestrafen. Solche Männer werden speziell in großen Organisationen aktiv, in denen es starke Traditionen eines betrieblichen Patriarchats gibt. Die Einstellung dieser internen »Freiheitskämpfer« läßt sich leicht beschreiben. Erstens, vollkommener Mangel an Glauben an jegliche Öffentlichkeitsarbeit des Unternehmens; zweitens, tiefes Mißtrauen gegenüber der obersten Betriebsführung; und schließlich die unerschütterliche Überzeugung, daß »Beziehungen«, nicht Leistung, der Schlüssel zum Erfolg sind. Für sie ist das Unternehmen eine feindliche Macht, die nur durch Guerilla-Taktik zu schlagen ist: Folglich führen sie ihren Kampf meistens in den Korridoren und Waschräumen.

Viele dieser Männer sind in ihrem Streben nach Beförderung enttäuscht worden; andere sind ehemalige »Aufsteiger«, die von eifersüchtigen Bossen auf bedeutungslosen Posten festgehalten werden. Sie betrachten es folglich als ihre Pflicht, jeden »aufzuklären«, der Respekt vor der Unternehmenspolitik hat - besonders in jenen Bereichen, die sich auf Beförderung und berufliches Fortkommen beziehen. Zynisch wie sie sind, ist es leicht, für solche Männer zu arbeiten. Da sie im Herzen Anarchisten sind, neigen sie dazu, fast jeden Fehler mit einer Art von toleranter Belustigung zu betrachten, die sich oft mit reiner Gleichgültigkeit vermischt. Im Grunde sind es Rebellen, die ihre Sache gefunden haben: Die fortschreitende Untergrabung des Betriebsimage der Firma.

Ein letzter Punkt. Denken Sie daran, daß sich jede dieser Strategien MBO anpassen läßt: Die geltenden Prinzipien sind genau die gleichen. Zum Beispiel können Sie, um Ihre Gegner unter Druck zu setzen, genauso leicht Zielvorgaben entwikkeln wie für jeden anderen Teil Ihrer Aufgabe. Sie können »ablenkende« Zielvorgaben setzen, um die Moral Ihres Mitarbeiterstabes zu verbessern (gemeinsames Mittagessen der Abteilungen sind ein nützlicher Trick). Sie können sogar mehr Zeit für die »Desertion« schaffen, indem Sie konventionellere Aufgaben an vorpreschende ehrgeizige Burschen delegieren. Immerhin brauchen diese die Erfahrung mehr, als Sie sie brauchen. Aber es ist merkwürdig genug, daß nur wenige dieser Methoden in den Lehrbüchern der Betriebsführung jemals erwähnt werden; noch werden sie an den Managementschulen gelehrt. Aber Vorsicht, Manager lernen diese Methoden mit Geschick dort, wo immer die wirksamste Managementausbildung stattfindet - am Arbeitsplatz.

Kapitel 5
Bringen Sie mich zu Ihrem Führer

Die besten Männer, sagt man, haben Fehler
Und werden um so besser, wenn sie anfangs
Ein wenig böse waren.
Shakespeare, *Maß für Maß*, Akt V, Szene 1

Das Vorstandsmitglied wird allgemein als eine Art von unternehmerischem Supermann, als die Inkarnation jeder Unternehmertugend gesehen. In Büchern und Aufsätzen, in Seminaren und Konferenzen wird er als eine Mischung von Entscheidungsträger und Visionär, als Mini-Napoleon mit Anklängen an Moses dargestellt. In Wahrheit ist er natürlich nicht weniger fehlbar als jede andere Führungskraft; er ist einfach das Opfer eines Mythos in der Wirtschaft. Und da er bei weitem kein blutleeres Stereotyp ist, ist er in seinen Stärken und Schwächen verlockend menschlich.

Der Ängstliche

Nicht jedes Vorstandsmitglied ist ein dynamischer Entscheidungsträger – es gibt einige, die sich fürchten, wenn sie sich eine Meinung bilden müssen. Solche Männer sind hauptsächlich in großen Organisationen zu finden, die sich auf ihren spezialisierten Märkten fest verschanzt und von ihren viel schwächeren Konkurrenten wenig zu fürchten haben. Es gibt sie eigentlich nicht in kleinen und mittelgroßen Firmen, wo ihre Talente zum schnellen Bankrott führen würden.

Der Ängstliche ist ein Mann, dem die Größe aufgezwungen wurde, ein widerstrebender Bräutigam in einer Mußheirat. Er ist fast immer das Produkt eines Machtkampfes im Aufsichtsrat, ein Kompromißkandidat zwischen zwei sich bekämpfenden Gruppierungen. Da er zu unentschlossen gewesen war, eine der Gruppen zu unterstützen, stellte er zu seiner Verwunderung fest, daß er für beide annehmbar war. Natürlich hoffte jede Seite, er werde sich – wie etwa ein von der Gnade seiner Vasallen abhängiger König des Mittelalters – leicht manipulieren lassen.

Unglücklicherweise hat keine Gruppe mit seiner außergewöhnlichen Fähigkeit, alles hinauszuzögern, gerechnet. Da er auf Grund seines Temperaments jedem Engagement abgeneigt ist, ist der Ängstliche ein Meister der Verzögerungstaktik mit einem gut ausgerüsteten Arsenal bürokratischer Waffen, die er einsetzt, um sich selbst gegen die Notwendigkeit der Entscheidung zu schützen. Für ihn gibt es kein Problem, das von einer weiteren »Analyse« oder einer »in die Tiefe gehenden Untersuchung« durch eine Arbeitsgruppe nicht profitieren könnte. Zu dem Zeitpunkt, zu dem diese Truppen dann ihren Bericht vorgelegt haben, ist der Augenblick des Handelns in der Regel vorbei.

Unabhängig davon, wie erfolgreich eine Organisation gewesen sein mag, wird der Ängstliche sie zuverlässig in die Knie zwingen. Die besten Männer werden, von Frustration gequält, das Unternehmen verlassen, und nur Kriecher und Mittelmäßige werden zurückbleiben. Allmählich wird sich im

Unternehmen eine Art von Lähmung breitmachen, während das führerlose Schiff geradewegs auf die Felsen zusteuert. Aber selbst jetzt bleibt der Ängstliche sich selbst treu - statt die Besatzung in die Rettungsboote zu schicken, geht er mit dem Schiff unter.

Das Aushängeschild

Wie der Ängstliche, ist auch das Aushängeschild nur dem Namen nach Boß; er ist unterschiedslos die Marionette seiner mächtigeren Kollegen. Oft eine beeindruckende Erscheinung mit dem Aussehen eines Senators, liegt sein Wert nicht in seiner unternehmerischen Begabung, sondern in seiner Fähigkeit, Vertrauen in die Zukunft des Unternehmens zu schaffen. Oft ist es ein Adliger oder ein General im Ruhestand, auf dessen Kontakte zur City und zur Regierung man Wert legt und der dem Image des Unternehmens den Anstrich der Erstklassigkeit gibt.

Nichtsdestoweniger ist und bleibt er eine Marionette; selten ist er in die wahren Absichten des Vorstandes eingeweiht. Da er an alltäglichen Entscheidungsfällen weder Geschmack findet noch die Fähigkeit dazu mitbringt, verläßt er sich weitgehend auf seine kundigeren Kollegen und ist leicht dazu zu bringen, ihrem Rat zu folgen. Die wirkliche Macht liegt bei den Finanzexperten, denen das Aushängeschild mit beträchtlicher Ehrfurcht begegnet. Er ist nur zu gerne bereit, den »lausigen Kleinkram« zu delegieren, da er es für seine Aufgabe hält, sich auf die »Strategie« zu konzentrieren. Da er in Geschäftsangelegenheiten im Grunde ein Einfaltspinsel ist, ist das Aushängeschild den skrupellosen Machtpolitikern nicht gewachsen. Sollte das Wohlergehen des Unternehmens einen ernsthaften

Rückschlag erleiden, so wird er zum perfekten Sündenbock für wütende Aktionäre und ist meistens zu *gentlemanlike,* um sich auf einen Kampf einzulassen. Da er durch Schaden klug geworden ist, mag er mit gewisser Bitterkeit über eine große Weisheit in der freien Wirtschaft nachdenken: Oft ist es leichter, mit seinen externen Konkurrenten fertig zu werden, als mit den Feinden innerhalb der Mauern umzugehen.

Der Erbe

Hier ist ein Mann, der alles seinem Vater verdankt, der die Firma aufbaute und ihm die Krone vermachte. Der Erbe ist fast ausschließlich in kleinen Familienunternehmen zu finden und ist in der Regel entweder ein ausgesprochener Taugenichts oder ein äußerst fähiger, hart arbeitender Chef. Wenn er zu den ersteren gehört, wird die Firma schnell zusammenbrechen; gehört er zu den letzteren, wird sie oft ein erstaunliches Wachstum an den Tag legen.

Aber ungeachtet seiner Fähigkeiten ist der Erbe ein Mann mit einer kennzeichnenden Weltanschauung, die sich vielleicht am besten als wohlwollend autokratisch apostrophieren läßt. Er ist davon überzeugt, daß Arbeiter lediglich große Kinder sind, die angeleitet werden müssen, um zu erkennen, wo ihre Interessen liegen. Von Grund auf gegen die Gewerkschaften eingestellt und gegen die Regierung, führt er die Firma, als ob er ein feudaler Grundbesitzer und seine Angestellten eine Schar untergeordneter Lehnsmänner wären. Er wird nicht das geringste mit Arbeitnehmer-Mitbestimmung zu tun haben wollen, die er einfach mit kommunistischer Subversion gleichsetzt. Seine Vorstellungen über Betriebsführung sind gleichermaßen klar: Es ist seine Sache, Befehle zu erteilen, und die der anderen, zu gehorchen.

Aber trotz seiner autoritären Neigungen bellt der Erbe lauter, als er beißt. Er ist stolz darauf, daß er seine Angestellten einzeln persönlich kennt, und ist immer bereit, bei allen persönlichen Problemen zu helfen. Andererseits ist er von allen Menschen am wenigsten macchiavellistisch und wird sich kaum jemals auf irgendwelche Ausflüchte einlassen. Dies erklärt weitgehend seine Beliebtheit bei den Arbeitern, die ihn im Grunde für einen harmlosen Sonderling halten.

Der Bonvivant

Dieser Mann glaubt an den Genuß: Er trinkt und ißt gern gut und liebt Verabredungen zum Mittagessen. Da er äußerst hart gearbeitet hat, um nach oben zu kommen, glaubt er, einen ganz berechtigten Anspruch auf den Profit aus dem Amt zu haben, und gibt das Geld der Firma großzügig aus. Aber trotz aller Extravaganzen hat er einen untrüglichen Geschmack: Sein luxuriöses Büro mit seinen Originalgemälden gibt den vollkommenen Rahmen für den Empfang von Vertretern von Handelsbanken her.

Seine wichtigste Aufgabe ist es, so meint er, den Schein zu wahren – das Bild eines erfolgreichen Unternehmens darzustellen. Dementsprechend ist er stolz darauf, Mitglied in exklusiven Klubs zu sein und die Oberkellner mit dem Vornamen anzureden. Er liebt es, in schicken Restaurants fotografiert zu werden, am liebsten in Begleitung eines wohlbekannten Adligen. Er läßt sich auch in vornehmen Nachtklubs sehen, oft in Begleitung einer Dame, die nicht seine Frau ist.

Trotzdem besteht sein Leben nicht nur aus Champagner und Kaviar; er hat noch immer seinen scharfen Geschäftssinn. Er kann das Talent von Führungskräften ausgezeichnet beurteilen und bringt nach oben strebende ehrgeizige junge Leute in Schlüsselpositionen. Für Jasager und Theoretiker hat er kein bißchen Zeit und kann sie manchmal skrupellos hinauswerfen. Und wie so mancher Rechnungsführer zu seinem Nachteil festgestellt hat, kann er eine Bilanz genauso gut wie eine Weinkarte lesen.

Der Einzelkämpfer

Eine der unerfreulichsten Typen von Vorstandsmitgliedern, der Einzelkämpfer, ist mit psychotischen Tendenzen durchsetzt. Da er seine Position durch ein Talent zum Verrat erlangt hat, lebt er in einer Welt der Furcht und des Mißtrauens, in der er niemandem traut und alles bezweifelt. Er besteht darauf, jede größere Entscheidung selbst zu treffen, und sieht im Delegieren ein Zeichen der Schwäche. Da er nicht im entferntesten daran denkt, einen fähigen Nachfolger aufzubauen, macht er es sich zur Aufgabe, gute Männer hinauszuekeln.

Die Folge davon ist, daß das Unternehmen allmählich aller Talente beraubt ist, und das zeitigt irgendwann Folgen. Für den Einzelkämpfer gibt es dafür eine einfache Erklärung: Er ist von Dummköpfen umgeben, die sich nicht anstrengen wollen. Er setzt daher noch eine weitere Säuberungswelle in Szene und versucht verzweifelt, neue Männer einzustellen. Es braucht nicht gesagt zu werden, daß sie nicht lange bleiben, wenn sie erst einmal entdecken, daß ihre Autorität gleich Null ist. Der Kreis schließt sich wieder, und die Firma gerät immer näher an den Abgrund.

Da der Einzelkämpfer ein Geschöpf mit sich verändernden Stimmungen ist, ist sein Verhalten völlig unvorhersehbar. In einem Augenblick quillt er vor Leutseligkeit über, im nächsten kann er giftig wie eine Klapperschlange sein. Der einzige beständige Faktor in seiner geistigen Verfassung ist sein Mißtrauen, daß sich die Leute gegen ihn verschwören und daß er demnächst durch einen Coup im Aufsichtsrat gestürzt werden wird. Ironischerweise ist es dieser selbst herbeigeführte Streß, der meist zu seinem endgültigen Untergang führt. Oft erliegt er einem Herzanfall oder einem Zusammenbruch, während er versucht, einen Fusionsvorschlag abzuwehren.

Der Aristokrat

Der Aristokrat ist hauptsächlich an der Spitze erstklassiger Unternehmen zu finden und ist der Doyen der Vorstandsmitglieder. Mit seiner Oxbridge-Erziehung und seinem kultivierten Akzent, seinen makellosen Anzügen und seinem äußeren Charme gleicht er mehr einem erfolgreichen Diplomaten als einem nüchternen, mitten im Leben stehenden Geschäftsmann. Aber täuschen Sie sich nicht, er ist ganz Fachmann. Er hat Ehrgeiz im Leib, nicht nur Gin und Tonic.

Angesichts der Größe des Unternehmens, das er leitet, ist es nicht überraschend, daß er zu einer wichtigen Persönlichkeit von öffentlichem Gewicht wird und oft an Fernsehdiskussionen teilnimmt. Mit seinem gewandten Auftreten und seiner geschliffenen Vortragsweise ist er der vollkommene Repräsentant des aufgeklärten Kapitalismus, und man kann sich immer darauf verlassen, daß er selbst dann kühl und konstruktiv bleibt, wenn er äußerst feindseligen Interviewern gegenübersitzt. Da er den größten Teil seines Lebens damit verbracht hat, Menschen zu manipulieren, genießt er die Herausforderung der Situation, die er als Gelegenheit zur Demonstration seiner Fähigkeiten sieht. Er beantwortet jede Frage mit staatsmännischer Würde und nimmt zu jedem Problem einen gemäßigten Standpunkt ein.

Aber daheim im Büro kann er alles andere als gemäßigt sein, besonders in Zeiten wirtschaftlichen Drucks. Wenn die Erträge sinken, wird er zu einem skruppellosen Henker, für den Loyalität und lange Dienstzeit wenig Bedeutung haben. Natürlich spricht er niemals davon, einen leitenden Mitarbeiter »hinauszuwerfen«, sondern nur davon, »ihn gehen lassen« zu müssen. Ähnlich spricht er niemals von »Arbeitskräfteüberschuß«, da die »Freisetzung von Arbeitskräften« verantwortungsbewußter klingt.

Der Eisberg

Der Eisberg ist eine Art menschlicher Computer, ein höchst kundiger Zahlenmensch, für den sich alles in Mark und Pfennig bewerten läßt. Oft das Produkt einer Managementschule, führt er sein Unternehmen mit klinischer Effizienz und versteht es ausgezeichnet, hervorragende junge Talente ausfindig machen. Da er absolut darauf versessen ist, das Unternehmen zu erweitern, bringt er regelmäßig einen Sechzehnstundentag ein und erwartet von denen, die für ihn arbeiten, daß sie genauso eifrig sind.

Als scheue, zurückhaltende Persönlichkeit hegt er eine intensive Abneigung gegen persönliches Aufsehen und wird selten seine Einwilligung zu einem Interview durch die Presse geben. Bei denjenigen Betriebsveranstaltungen, an denen teilzunehmen er gezwungen ist, wird er oft nur so kurz wie möglich in Erscheinung treten, wobei er seine Rede vorliest, als ob es sich um eine Grabrede handele, bevor er sich wieder hastig in die Sicherheit seines Büros davonmacht. Aber trotz all seiner

Askese gebietet er Achtung, und manchmal flößt er sogar eine Art von Mitleid ein. Er hat offensichtlich so wenig Spaß am Leben, daß sogar seine Untergebenen ihn zu bedauern beginnen.

Derartige Gefühle halten in der Regel nicht lange an, denn der Eisberg gehört zu den anspruchsvollsten und schwerste Arbeit fordernden Vorgesetzten im Wirtschaftsleben. Den Ansprüchen des Privatlebens gegenüber ist er vollkommen gleichgültig, und er treibt seine leitenden Mitarbeiter wie der Aufseher eines Sträflingstrupps an. Am späten Nachmittag werden Sitzungen einberufen, die sich oft bis tief in die Nacht hineinziehen, und wehe dem Mann, der sich entschuldigen lassen will. Für ihn zu arbeiten ist nicht nur ein vollwertiger Beruf; es ist ein sicheres Rezept für das Scheitern einer Ehe.

Der Optimist

Ungehemmt und extrovertiert wie er ist, ist der Optimist ein Führer vom Typ »Mir nach!«, der gern im dicksten Getümmel jeder Wirtschaftsschlacht steht. Er sieht es als seine Aufgabe an, die Truppe zu inspirieren, und ist gewöhnlich bei den Angestellten aller Ränge sehr beliebt. Er ist am häufigsten in verkaufsorientierten Unternehmen zu finden, die auf hartem Wettbewerb unterworfenen Märkten tätig sind. Solche Firmen sind oft in amerikanischem Besitz, obwohl der Optimist selbst in der Regel Europäer ist.

Der Optimist gibt im wirtschaftlichen Aufschwung einen idealen Führer ab, da es sein natürlicher Instinkt ist, weiter voranzugehen. Wenn eine Rezession einsetzt, arbeiten seine größten Tugenden unglücklicherweise eher gegen ihn, und er reagiert oft langsam auf eine sich verschlechternde Situation.

Da ihm Kostenabbau und Personalbeschränkungen verhaßt sind, versucht er schneidig, weiter vorzurücken, um schließlich festzustellen, daß ihm das Geld ausgeht. In vielerlei Hinsicht ist er eine dickköpfige, sportliche Erscheinung, die noch lernen muß, daß Willensstärke allein nicht immer ausreicht.

Bald natürlich fängt man an, in der Firmenzentrale Warnrufe und Mißfallensäußerungen zu hören, und man schickt finster dreinblickende Geschäftsführer zur Untersuchung herüber. Innerhalb weniger Stunden nach ihrer Ankunft werden alle Neueinstellungen gestoppt und Werbebudgets erbarmungslos und drastisch gekürzt. Der ganze Betrieb wird einer ausgedehnten Inquisition unterworfen, und diejenigen, dic man für nicht ausreichend hält, werden von ihren Posten entfernt. Natürlich gehört der Optimist zu den ersten, die gehen müssen: ein General, der nicht wußte, wann er zurückzutreten hatte.

Aber es gibt einen Typ von Vorstandsmitglied, der im Unglück zu gedeihen scheint - der nicht tot zu kriegende, immer Glück habende Rolling Stone. Das ist die Art von Mann, der, obwohl er in einem Unternehmen nach dem anderen gescheitert ist, ruhig und ohne Anstrengung in einen weiteren Führungsposten aufsteigt. Es ist, als ob er von einem wohlwollenden Schutzengel bewacht wird, so groß ist seine Fähigkeit, Niederlagen in Siege zu verwandeln. Aber mißgönnen wir ihm besser nicht seine Fähigkeit zu überleben. Wo solche Männer vorwärtskommen können, gibt es Hoffnung für uns alle.

Kapitel 6
Die Höflinge des Unternehmens

Wir sind die hohlen Männer
Die Ausgestopften
Aufeinandergestützt
T.S. Eliot, *The Hollow Men*

Es hat niemals an Phantasievorstellungen darüber gemangelt, was innerhalb des Vorstandes einer großen Gesellschaft vor sich geht. Viele Leute, die nie in der Industrie gearbeitet haben, stellen sich vor, daß er eine Art von säkularisiertem Vatikan ist, wo finster dreinblickende Führungskräfte ihre Zeit mit der Erörterung der großen ewigen Fragen der Probleme von Gewinn und Verlust verbringen. Für andere, die der Wirtschaft weniger Sympathie entgegenbringen, ist er lediglich ein Schlachtfeld rivalisierender Verschwörungen, ein Ort, an dem Intrige und Gegenintrige aufeinandertreffen und an dem die Karriere von Menschen im erbarmungslosen Kampf um Geld und Macht zerstört wird. Wieder anderen Kritikern fällt das reife Alter vieler Direktoren auf, und sie schließen daraus, daß er nur eine üppigere Version eines Altersheims ist, in dem vergreiste Führungskräfte, die über die Blüte ihres Lebens längst hinaus sind, sich vergeblich mit über ihren Horizont gehenden Problemen herumschlagen.

Es gibt natürlich in jeder dieser Phantasievorstellungen Elemente der Wahrheit. Es *gibt* Intrigen, es *gibt* Verschwörungen, es *gibt* Machtkampf - was sonst sollte man von Menschen erwarten, die so weit aufgestiegen sind? Dennoch ist der durchschnittliche Vorstand mit wenigen Ausnahmen weder ein Schwatzverein noch ein Horrorkabinett; er ist eine modernisierte Version eines mittelalterlichen Hofes. Hier sitzt als Monarch über alle, die er überblickt, der Vorsitzende; zu seiner rechten Hand sein Kanzler und Vertrauter, der Geschäftsführer im Vorstand. Um sie gruppiert sind die wichtigsten Höflinge, einige draufgängerisch und extrovertiert, einige vorsichtig und zurückhaltend, alle dem Gemeinwohl verschrieben. Während das Temperament solcher Männer so unterschiedlich wie ihr Werdegang ist, gibt es in jedem Vorstand wenigstens einen der folgenden Typen.

Der Hofnarr

In der Industrie wimmelt es von Komödianten; die Skala reicht vom unbewußten Witz eines Public-Relations-Mannes, der verständlicherweise seine eigenen Presseverlautbarungen glaubt, bis zum professionellen Zyniker, für den sich all dieses Material wie ein Marx-Brothers-Drehbuch liest. Jeder Vorstand hat einen Hofnarren, und die Art von Witz, die er an den Tag legt, steht in direktem Zusammenhang mit der Umwelt des Unternehmens. Zum Beispiel wird sich der Hofnarr im Vorstand einer erstklassigen Handelsbank ohne Unterschied trockenen, giftigen Sticheleien hingeben, die er oft mit klassischen Anspielungen verbrämt; sein Gegenstück in einer unsentimentalen Vertriebsgesellschaft wird wahrscheinlich eher die Art von Witz bevorzugen, den man in Karnevalsvereinen findet.

Auch wenn ihm die traditionelle schweinslederne Keule, die Narrenkappe und die Schellen fehlen, erfüllt der moderne Hofnarr im wesentlichen die gleiche Funktion wie sein mittelalterlicher Vorfahre. Er durchpiekst die Luftballons der Prahlhänse, knackst Egos an, entlarvt den Scharlatan und tröstet die Deprimierten. Mit einer witzigen Bemerkung zur rechten Zeit kann er Abschweifungen verhindern, einen Langweiler kleinkriegen oder in die übelste Atmosphäre Wärme und Menschlichkeit bringen.

Solange er sich die Zuneigung seines Vorsitzenden erhält, genießt er bei der Anwendung seiner Fähigkeiten fast unbegrenzte Freiheit. Aber wehe ihm, wenn einer seiner Feinde auf den Thron folgen sollte. Sein Kopf ist in der Regel unter den ersten, die fallen.

Der junge Thronprätendent

Als eine Folge der zugegeben nachlassenden Vorliebe für nach vorne drängende helle Jungens holen sich viele Unternehmen solche Männer in den Vorstand. Trotz ihrer Jugend und relativ mangelhaften Erfahrung sehen einige Organisationen in ihnen mächtige Aphrodisiaka, die in der Lage sind, die Potenz eines Unternehmens sofort wiederherzustellen. Der typische »Jungtürke« birst natürlich vor Selbstvertrauen und empfindet keinen Respekt vor der Unternehmenstradition. Bis zu den Zähnen mit dem neuesten Managementjargon bewaffnet, tobt er wie ein blindwütiger Medizinmann durch die Firma, der Probleme wittert (auch dort, wo es keine gibt), die Eingeborenen mit seinen haarscharfen kritischen Fragen in Schrecken versetzt und insgesamt verschiedene heilige Kühe schlachtet.

Natürlich mögen ihn seine weniger dynamischen Kollegen

nicht, da es immer schwerfällt, derartig grenzenlose Energie zu entschuldigen. Aber man behandelt ihn ohne Unterschied mit Vorsicht und Respekt, da man glaubt, daß er mit im Rennen um den Posten des Generaldirektors liegt. Die eigentliche Probe auf seine Stärke kommt dann, wenn er seinen ersten großen Fehler macht. Dann befindet er sich mitten in einem Rudel heulender Wölfe, die nur darauf brennen, ihn in Stücke zu reißen.

Dies ist eine Schlacht, die er nicht gewinnen kann, denn selbst wenn er überlebt, wird der Glanz seines Namens verblaßt sein, und er wird die Aura der Unfehlbarkeit, die sein größter Aktivposten war, verloren haben. Und nachdem er dann einigen verständnisvollen Kopfjägern sein Herz ausgeschüttet hat, wird er sich vielleicht in freundlichere Gefilde aufmachen, wo sich die ganze Geschichte noch einmal wiederholt.

Die graue Eminenz

Der natürlichste Anwärter auf die Rolle des Königmachers ist wegen seines unbeschränkten Zugangs zu den Personalakten der Personaldirektor. Außerdem befindet er sich in der Regel im Zentrum eines verwickelten Spionagenetzes, was ihm einen regelmäßigen Informationsfluß über die kleinen Sünden der Manager sichert. Da er es zum Unglück als seine Aufgabe ansieht, den Geschäftsführer über alles auf dem laufenden zu halten, begegnen ihm seine Kollegen manchmal mit beträchtlichem Mißtrauen.

Im Hinblick auf seinen alltäglichen Umgang mit den höchsten Rängen wird immerhin nur der tollkühnste leitende Mitarbeiter sich ihn freiwillig zum Feind machen. In Wirklichkeit bemüht sich die Mehrheit intensiv darum, gut mit ihm zu stehen. Trotz des Einflusses, den ein Personaldirektor hat, kommt es paradoxerweise selten vor, daß er der Mann an der Spitze wird: Er scheint für immer dazu verurteilt, bei der Hochzeit Zuschauer zu bleiben.

Das liegt daran, daß seine Vorgesetzten ihn für »fast zu gerissen« halten und glauben, daß seine ehrlicheren Kollegen ihn wahrscheinlich nicht akzeptieren werden. Natürlich ist in diesem Vorwurf ein Element Wahrheit enthalten, da Durchtriebenheit zu seinen Arbeitsmitteln gehört.

Aber wie dem auch sei, der beste Typ von Personaldirektor ist erfahren im Manipulieren, übt daher auf seine autokratischeren Kollegen einen besänftigenden Einfluß aus und kann in der Regel auch mit der gespanntesten Situation angemessen fertig werden.

Der Kriegsherr

Fast jeder Vorstand hat seinen Kriegsherrn: einen unnachgiebigen zynischen Pragmatiker, der (nicht ohne Grund) glaubt, daß wer am lautesten schreit, am meisten beachtet wird. Da er nun einmal von einem fast hitlerschen Verlangen nach Herrschaft und Unterwerfung besessen ist, verhält er sich bei Vorstandssitzungen wie ein Einmann-Vesuv, der einmal offensichtlich untätig ist, ein andermal aber wegen irgendwelcher eingebildeter Übergriffe an seinen territorialen Grenzen wütend zum Ausbruch kommt.

Hier handelt es sich um einen Mann, der aus der Unwissenheit eine Tugend macht und der in jeder Idee, die nicht von ihm selbst stammt, eine direkte Herausforderung seiner unternehmerischen Manneskraft sieht. Besonders jene sogenannten »Personalabteilungen« sind ihm ein Dorn im Auge, deren

Mitglieder er für Gewinn auffressende Schmarotzer mit einem unersättlichen Appetit auf bürokratische Querelen hält. Wie erfolgreich auch immer er beim »Produktionsausstoß« oder bei der Erreichung seiner Verkaufsprognosen sein mag, langfristig ist er eine große Gefahr für das Wohlergehen seines Betriebes, da er gegen Delegation und gegen jede Art der Fortbildung eingestellt ist und sich daher ausschließlich mit Kriechern und Jasagern umgibt.

Die Folge davon ist, daß er, wenn er ausscheidet, in Ruhestand geht oder schließlich der Paranoia erliegt, keine reiche Vielfalt von Unternehmer-Schößlingen, die eben genau für so einen Tag mit Liebe gehegt werden sollten, hinterläßt, sondern eine ungeheure unternehmerische Wüste ohne jedes Talent. Das alles wird für die Ertragslage des Betriebes zur ständigen Belastung.

Der Grandseigneur in Warteposition

Es ist kein Geheimnis, worauf diese Führungskraft wartet: Er sehnt sich nur nach den üppigen Weiden des Ruhestandes, wenn er endlich beginnen kann, sich für all die im Dienst des Mammon verschwendeten Jahre zu entschädigen. Oft eine liebenswürdige, kultivierte Erscheinung, die es vorzieht, sich aus dem wahnsinnigen Machtkampf seiner ehrgeizigeren Kollegen herauszuhalten, strahlt er die ruhige, senatorenhafte Würde des älteren »geborenen Diplomaten« aus.

Da er für niemanden eine Gefahr darzustellen scheint, ist er allgemein beliebt, und man fragt ihn oft um Rat, wenn Herzattacken und Unfähigkeit gelegentlich leere Stühle am Vorstandstisch schaffen. In Wirklichkeit ist er in seinen Urteilen nicht weniger fehlbar als jede andere Führungskraft und wird ohne Unterschied in seinen Empfehlungen einen kultivierten

Prahler, der die richtige Schule besucht hat, einem rohen Parvenu mit Talent zum Geldverdienen vorziehen. Wenn man ihm genug Zeit gibt und ausreichend Einfluß gewährt, kann er auf diese Art jene Vielfalt menschlicher Charaktere, die die innere Stärke eines jeden wirksam arbeitenden Vorstandes ist, vollkommen unterminieren.

Da es aber oft mehrere Jahre dauert, bis die Betriebsmaschinerie endgültig in die Brüche geht, bringt er es in der Regel fertig, den schlimmsten Folgen seiner eigenen Ratschläge dadurch zu entgehen, daß er sich rechtzeitig auf einen idyllischen Ruhesitz zurückzieht und dabei in aller Unschuld die von ihm angerichteten Verwüstungen ignoriert.

Der Schatzmeister

Es gibt im Vorstand keine Person, die häufiger mißverstanden wird als der Finanzdirektor: Er ist das einzige Mitglied, das bei der Ausübung seiner Aufgabe ständig kritisiert wird. Als der oberste »Niemand« im Betrieb wird er unvermeidlich entweder in die Rolle des außergewöhnlichen Knausers oder des brutalen Verwirklichers neuer Ideen gedrängt.

Es überrascht nicht, daß seine endlosen Scharmützel mit den finanziellen Libertins des Unternehmens dazu führen, daß Narben bleiben, und daß er selten für einen unbändigen Sinn für Humor bekannt ist. Da er eines der wenigen Mitglieder des Vorstandes ist, die sich im Umgang mit Zahlen wohl fühlen, kann er seine weniger zahlenkundigen Kollegen immerhin manchmal in die Tasche stecken, und nur in Ausnahmefällen erleidet er eine größere Niederlage.

Seine dominierende Schattenseite als Führungskraft ist seine Verständnislosigkeit menschlichen Problemen gegenüber und seine Tendenz, derartige Probleme schwarz-weiß zu malen. Aber es besteht kein Zweifel daran, daß er sein Gewicht in Gold wert ist, solange man ihn in ehrfürchtiger Entfernung vom Fahrersitz hält. Da er wenig Geschmack an inspirierender Führung findet oder auch wenig Befähigung dafür hat, ist er oft für seine Angriffe auf Kostenursachen renommierter als für seine kreativen Beiträge zur Unternehmensstrategie.

Der Hofschranze

Man kann den Hofschranzen im Vorstand immer erkennen: Er ist der professionelle Schmeichler, der ohne Erfolg versucht, jedermanns Freund zu sein. Es ist ein Wunder, daß er so hoch gestiegen ist, da er sich praktisch in keiner Situation außer der Weihnachtsfeier wohl fühlt. Dabei kann er endlich mit gewagten Witzen und seiner charakteristischen plumpen Vertraulichkeit glänzen.

Er hat sich längst gegen die Anwürfe und Pfeilschüsse seiner Direktorenkollegen gewappnet und scheint ein nahezu masochistisches Vergnügen daran zu finden, der Punchingball im Vorstand zu sein. Sein Streben nach Popularität ist nicht so sehr ein Persönlichkeitsmerkmal, sondern mehr eine Reaktion auf seine Furcht, bloßgestellt zu werden, da er fast immer das Produkt voreiliger Beförderung ist. Da ihm jede echte Fähigkeit fehlt, verläßt er sich zu seinem Schutz darauf, die Freundschaft seiner mächtigeren Kollegen zu gewinnen, von denen er irrigerweise annimmt, daß sie seine Entlassung niemals dulden würden. Viele Männer dieses Typs wurden natürlich während der Säuberungen unter den Führungskräften in den frühen siebziger Jahren gefeuert, und einige suchen noch immer die Personalvermittlungsbüros heim, wo sie ihr unangebrachtes Vertrauen bitter bereuen.

Der eigentliche Schurke im Stück ist nicht der Hofschranze selbst, sondern der Mann, der ihn gefördert hat und ihm so einen Anstrich von Größe gab, dem er nicht gewachsen war. Als ein Mann, den man eher bedauern als verachten muß, ist der Hofschranze Vertreter einer aussterbenden Art, die zwischen den Mühlsteinen des technologischen Wandels und den hohen Anforderungen des professionellen Management aufgerieben wird.

Der Monarch

Welcher Typ von Monarch ist schließlich am besten geeignet, über solche Männer zu herrschen? Welches sind die Merkmale eines idealen Vorsitzenden? Sicherlich ist es von Vorteil, wenn er einigermaßen gescheit ist - aber nicht so gescheit, daß das seine Kollegen daran hindern würde, ihre Meinung zu sagen. Und selbst wenn es hier kein Problem gibt - und für einige Vorsitzende gibt es hier keine Probleme -, wird er mittels der Kunst herrschen müssen, auch dann hellwach und interessiert zu erscheinen, wenn ihn lähmende Müdigkeit und abgrundtiefe Langeweile quälen. Vor allem aber braucht er den Instinkt des Jägers für drohende Gefahren und diese persönliche Radaranlage, mit der er durch jeden Wortschwall hindurchsehen und das ihm zugrunde liegende Eigeninteresse entdecken kann.

Und die ganze Zeit muß er seine Genossen Monarchen in den anderen Königreichen scharf im Auge behalten, die mit Übernahmeangeboten und Fusionsvorschlägen bewaffnet nur allzugerne zur Invasion bereit sein werden, wenn er ins Stolpern geraten sollte. Aber wie es immer gewesen ist, so wird es auch immer bleiben: Unruhig schweifen die Augen umher, die die Bilanzen prüfen.

Kapitel 7
Auf dem Weg nach oben

Es ist immer Platz an der Spitze
Daniel Webster

Trotz der mittelmäßigen Leistungen der Industrie in den siebziger Jahren wäre es Unsinn anzunehmen, daß es irgendwelchen Mangel an talentierten Führungskräften gibt. Es gibt ganz im Gegenteil Hunderte von dynamischen, vorwärtsstrebenden kreativen Führungskräften in fast jedem Sektor unseres Wirtschaftslebens. Das merkwürdige daran ist, daß nur verhältnismäßig wenige von ihnen an die Spitze kommen. In der Tat gibt es für jeden Aufsteiger, der seine gerechte Belohnung einheimst, ein ganzes Aufgebot von Mittelmäßigen, die genausoviel Erfolg haben.

Wie haben sie das geschafft? Sicherlich nicht dadurch, daß sie ihre natürlichen Gaben eingesetzt haben - damit würden die meisten von ihnen, um im Bild des Rennens zu sprechen, noch immer am Start stehen. Die Wahrheit ist, daß sie es gelernt haben, sich an die Spielregeln zu halten, an Spielregeln, die in keinem Lehrbuch genannt werden, ebensowenig wie sie im Lehrprogramm irgendeines Managementkurses auftauchen. Und doch sind sie wirksamer als jeder akademische Titel, um einen unbeschwerlichen Aufstieg an die Spitze sicherzustellen.

Fallen Sie nicht zu sehr auf

Jede Institution schafft sich ihre eigenen Mythen, und das Management ist hier keine Ausnahme. Wenn man zum Beispiel nach dem euphorischen Klang der Stellenanzeigen für Führungskräfte urteilen würde, könnte man meinen, daß es einen unersättlichen Bedarf an »Männern mit Phantasie und Initiative« gibt, die in der Lage sind, selbst die erschöpfteste Organisation wieder zum Leben zu erwecken.

Dem ist nicht so. Um besonders in großen Unternehmen zu überleben und vorwärtszukommen, ist es notwendig, daß es Ihnen in Fleisch und Blut übergeht, Ihren Kopf unten zu behalten und die Schultern über das Steuerrad zu beugen – eine unbequeme Haltung zwar, aber eine, die sich letzten Endes bezahlt machen wird. Sie müssen, mit anderen Worten, eine Art berufsmäßiger Anonymität wahren, während Sie sich gleichzeitig darum bemühen, sich all den verschiedenen Stammesriten und ungeschriebenen Gesetzen anzupassen, die Sie in das Image des Betriebes einfügen sollen. Sie müssen Ihrem Ego tatsächlich die Zügel straff anlegen, und Sie werden weiter kommen als all die wilden Wirbel veranstaltenden Jungens, die mit lautem Knall kommen und mit leisem Wimmern gehen.

Aber es gibt einen Bereich, in dem Sie nicht oft genug auffallen können: die innerbetrieblichen Sportveranstaltungen. Wenn es in Ihrem Betrieb zum Beispiel einen Golfklub gibt, so treten Sie sofort in ihn ein: Die Karriere so manches Mannes ist am 19. Loch gemacht worden. Wenn Sie im Tennis oder Skifahren gut sind, dann schöpfen Sie Ihre Talente gleichermaßen voll aus, wobei Sie bei allen Erfolgen, die Sie erzielen, angemessen bescheiden bleiben sollten. Natürlich sind nicht alle Spielarten gleich viel wert; so kann Begabung für einen der geistig anspruchsvolleren Zeitvertreibe wie etwa Schach Sie einfach zum gefährlichen Intellektuellen stempeln. Sie sollten auch Spiele wie Darts und Tischtennis vermeiden, die man für eine ehrgeizige Führungskraft als viel zu »minderwertig« ansieht.

Seien Sie kein Außenseiter

Nachdem sie in ein Unternehmen eingetreten sind, haben viele Führungskräfte das Gefühl, sich profilieren zu müssen, und fangen an, wie wild gewordene Computer Papierberge in die Welt zu setzen. Solange derartiges Material deutlich mit »Zur Information« gekennzeichnet wird, entsteht kein großer Schaden. Wenn Sie Ihre Kollegen aber beharrlich damit aus der Fassung bringen, daß Sie tatsächlich von ihnen erwarten, daß sie Ihre Ideen begrüßen und sogar durchsetzen, dann steht Ihnen eine schlimme Zeit bevor. Je eher Sie lernen, daß neue Ideen definitionsmäßig den Status quo – und damit die Sicherheit Ihres Chefs und Ihrer Kollegen – bedrohen, um so schneller werden Sie auf der Leiter der Führungskräfte nach oben steigen. Beachten Sie von Anfang an, daß nur diejenigen Ideen Ihre Unterstützung verdienen, die zu Ihnen *herunterkommen.* Diejenigen, die zu Ihnen *heraufkommen,* sind lediglich Phantasiegebilde von Narren.

Wenn Sie sich so weit stählen können, daß Sie Ihrem Boß zu seinem letzten Einfall gratulieren (obwohl es sich um eine Idee handelt, die Sie ihm vor sechs Monaten eingaben), dann werden Sie den Grad an Selbstdisziplin erreicht haben, der Voraussetzung für den Erfolg ist. Aber wenn Sie Haßgefühle empfinden und ihm lieber an die Kehle gehen würden, dann unterliegen Sie einem Irrtum: Sie sind als Führungskraft noch ein Lehrling.

Denken Sie auch daran, daß ein leitender Mitarbeiter mit Ehrgeiz es sich niemals leisten kann, nicht auf der Hut zu sein, selbst nicht in der entspannten Umgebung einer Kneipe oder der Betriebskantine. Lassen Sie die größte Sorgfalt walten, wenn Sie Ihre Ansicht zu irgendeinem Problem äußern, das wahrscheinlich kontrovers werden wird. Es ist natürlich vollkommen in Ordnung, wenn Sie herablassende Bemerkungen über die Regierung machen – sie hat niemals Schonzeit. Aber von derartigen offenkundigen Zielscheiben abgesehen, gehen Sie vorsichtig vor, oder man wird allmählich zu glauben beginnen, daß Sie zu dogmatisch und starr sind, um einen hohen Posten im Unternehmen zu bekleiden. Wenn Sie Vorsitzender oder Generaldirektor werden sollten, würden Sie ohnehin nicht immer in der Lage sein, sich Ihre Kontakte nach außen auszusuchen. Sie würden sich im Gegenteil darauf einstellen müssen, jeden Kontakt zu pflegen, der den Interessen des Unternehmens förderlich sein könnte, auch wenn einige von ihnen mit Ihren eigenen persönlichen Überzeugungen in Konflikt geraten könnten. So mancher Generaldirektor, der eine Säule seines lokalen konservativen Parteiverbandes ist, rühmt sich daher seiner Freundschaft mit prominenten Gewerkschaftlern. Zu strikt parteiisch zu sein, wäre ganz einfach schlecht fürs Geschäft.

Außer wenn Sie in der Werbung oder Öffentlichkeitsarbeit tätig sind, wo man Ihre Schmetterlingsbinder und bunten Hemden als natürliches berufsbedingtes Auffallenwollen gutheißen wird, sind Sie gut beraten, wenn Sie sich konservativ kleiden. Ein dunkelgrauer Anzug, weißes Hemd und ein harmloser Schlips werden nicht nur von Ihrer Eleganz als Voraussetzung für den Klub der Führungskräfte künden: Sie werden auch diskret auf die Charaktereigenschaften »Zuverlässigkeit« und »Urteilsvermögen« hinweisen. Es ist jedoch ein Fehler, das Äußere Ihres Chefs zu kopieren, da er das fast sicher als Unverschämtheit, nicht als Schmeichelei, und als klares Zeichen dafür ansehen wird, daß Sie Ihren Platz nicht kennen.

Die richtige Kleidung zu tragen ist aber nur ein Teil des Problems: Sie müssen ebenfalls lernen, in angemessener Weise zu kommunizieren. Benutzen Sie das Wort »ich« so selten wie möglich und vermeiden Sie es, ungezwungene Meinungsäußerungen von sich zu geben, die Ihnen wenig Spielraum zum Manövrieren lassen könnten. Anstatt zu sagen »Ich bin strikt dafür«, sollten Sie es mit etwas Zurückhaltenderem und Diplomatischerem versuchen wie »Sollten wir das nicht vielleicht in Erwägung ziehen?«. Dadurch, daß Sie sich in einer derart annehmbar leisen Tonart mitteilen, werden Sie sich schnell den Ruf eines weitsichtigen Staatsmannes erwerben, was beim Spiel um die Beförderung in Gold aufgewogen werden wird.

Ähnlich sollten Sie bei der Auswahl Ihres persönlichen Besitzes danach streben, das Image solider bürgerlicher Ehrbarkeit, nicht des provozierenden Überflusses zu projizieren. Selbst wenn Ihre Frau über eigenes Einkommen verfügt, sollten Sie ihr niemals erlauben, einen Rover zu fahren, wenn man allgemein weiß, daß die Frau Ihres Vorsitzenden nur einen Mini hat. Eine weitere harte Prüfung kommt dann, wenn Sie Ihren Boß zum Dinner einladen: Sie können sicher sein, daß seine Frau sich von allem, was sie sieht, im Geist eine Inventarliste machen wird. Und wehe Ihnen, wenn Ihr Eßservice teurer ist als ihres, wenn Ihre Möbel bequemer und Ihre Bilder geschmackvoller sind. Das folgende finanzielle Dünkirchen, dem sich Ihr Boß zu stellen haben wird, wird Sie sicherlich nicht zu einem seiner Lieblingssöhne machen.

Seien Sie ein guter Betriebsangehöriger

Denken Sie daran, es gibt keinen Gott außer Mammon. Alles, was Sie besitzen, verdanken Sie der Güte des Unternehmens, und all Ihr Ehrgeiz, Ihre Hoffnungen und Wünsche bleiben unerfüllt, wenn Sie nicht weiterhin seine Gunstbezeigungen genießen. Wenn Sie sich mit derartigen Einstellungen ausstaffieren, werden Sie schnell über diejenigen hinausragen, die sich weniger engagieren. Vor allem können Sie es sich nicht leisten, Ihre Energien mit Zeit zu vergeuden, in der Sie anderen Interessen nachgehen, wie anregend und befriedigend diese auch oft sein mögen. Es wird für derlei Nebensächlichkeiten noch genügend Zeit geben, wenn Sie Ihre Ziele erreicht haben: Bis dahin müssen Sie sich auf die unmittelbar vor Ihnen liegende Aufgabe konzentrieren.

In praktischen Bezügen bedeutet das, daß Sie gewillt sein müssen, jeder Anforderung nachzukommen, die man an Sie stellt, besonders denjenigen, die außerhalb der normalen Arbeitszeit liegen. Wenn Sie nicht gerade von einer ansteckenden Krankheit befallen sind, sollten Sie es zum Beispiel niemals versäumen, an einer größeren Betriebsveranstaltung wie etwa der Weihnachtsfeier teilzunehmen; noch sollten Sie jemals eine vom Betrieb geförderte Theaterveranstaltung versäumen (ungeachtet dessen, daß Sie das Stück erst kürzlich gesehen haben). Wenn Sie plötzlich von Ihrem Boß gebeten werden, einen wichtigen Kunden abzuholen, der um zehn Uhr abends am Flugplatz ankommt, werden Sie ähnlich begeistert zustimmen - selbst wenn das bedeutet, daß Sie Ihre Pilgerfahrt zu den Salzburger Festspielen absagen müssen. Immerhin werden in derartigen Feuerproben die zukünftigen Spitzenkräfte geschmiedet.

Verfallen Sie aber nicht in die Gewohnheit, abends lange im Büro zu bleiben in dem Glauben, daß das Ihren Arbeitseifer beweisen wird. Es wird im Gegenteil sehr viel wahrscheinlicher als Beweis dafür genommen werden, daß Sie schlecht organisieren und nicht delegieren können. Trotzdem spricht vieles dafür, eine gelegentliche Schicht im Büro am Samstagmorgen einzulegen, besonders wenn Sie Wind davon bekommen, daß auch einer oder zwei der Direktoren hereinkommen werden. Das Golfspiel am Samstagmorgen ist diesen Männern so heilig, daß man annehmen wird, daß jeder, der nicht spielt, von außerordentlichem Arbeitseifer getrieben sein muß.

Kultivieren Sie Ihre Umgangsformen

Um in der Wirtschaft Erfolg zu haben, brauchen Sie kein Meister der Etikette zu sein, aber es wird Ihnen sicherlich helfen, wenn Sie bei Betriebsveranstaltungen angemessen auftreten können. Das bedeutet nicht, daß Sie versuchen sollten, zum Salonlöwen zu werden, da das nur den Neid der weniger

Extrovertierten hervorrufen könnte - eine gefährliche Situation, wenn diese über Ihnen stehen.

Noch einmal: Versuchen Sie, die richtige Art von Image zu projizieren: bescheiden und guter Laune, taktvoll und entgegenkommend, die Art von Mann, der nie jemanden in den Hintergrund zu drängen versucht. Wenn Damen anwesend sind, haben Sie eine erstklassige Gelegenheit zu beweisen, daß Sie ein geborener Gentleman sind, und durch jene kleinen Höflichkeitsgesten, die - ohne der feministischen Bewegung zu nahe zu treten - noch immer sehr geschätzt werden, können Sie in der Garderobe genauso gut Punkte sammeln wie im Vorstandszimmer.

Es ist auch wichtig, daß Sie Ihre wahren Gefühle selbst unter den schwierigsten Umständen zu verbergen lernen. Wenn der Vorsitzende beschließt, Sie zur Zielscheibe seiner albernen Späßchen zu machen, dann sei dem so. Wenn Ihr Boß verlangt, daß Sie der Mann sind, der ihm die Stichwörter liefert, während er sein Repertoire gräßlicher Anekdoten abspult, dann sorgen Sie dafür, daß niemand lauter lacht als Sie. Aber ungeachtet dessen, wie verlockend die Aussicht oder wie stark die Provokation ist, lassen Sie sich niemals zum Flirten mit der Frau eines anderen hinreißen - es gibt keine sicherere Methode, sich einen Feind fürs Leben zu schaffen. Wenn die Versuchung Sie heimsucht, denken Sie nicht ans Vaterland, sondern an die Firma und daran, wie sehr Sie beide sich gegenseitig brauchen. Ansonsten können Sie eine Politik des positiven Disengagement einschlagen, eine Entschuldigung murmeln und sich zur nächsten Toilette aufmachen. Es wird nur ein paar Augenblicke dauern, bis sich der Sturm gelegt hat.

Sie müssen auch vorsichtig auf die zahlreichen anderen Fallen achten, die sich bei derartigen Gelegenheiten stellen. Sollten Sie zum Beispiel beim Essen neben Ihren Generaldirektor zu sitzen kommen, so überlassen Sie ihm bei der Unterhaltung immer das Rennen; prahlen Sie niemals mit Ihrem Wissen über ein Thema, über das er nichts weiß. Stellen Sie ihm nur Fragen, wenn sie sicher sind, daß er die Antwort darauf weiß, und wenn er ein bevorzugtes Steckenpferd hat, dann lassen Sie es ihn so schnell wie nur möglich reiten. Von da an wird alles leichtes Spiel sein: Sie brauchen lediglich im Abstand von zehn Sekunden weiterhin mit dem Kopf zu nicken. Es besteht die Möglichkeit, daß er sich nachher an Sie als an einen glänzenden jungen Mann und einen interessanten Gesprächspartner erinnert, der genauso gut zuhören wie unterhalten konnte.

Lernen Sie, Kritik zu vertragen

Auf Ihrem Weg zum Gipfel wird es viele Gelegenheiten geben, bei denen Ihr Urteilsvermögen in Frage gestellt und Ihre Handlungen kritisiert werden. Die schwierigste Situation, mit der Sie fertig werden müssen, tritt dann ein, wenn Sie glauben, recht gehabt zu haben, obwohl sich die Sache zum Schlechten gewendet hat. Aber das ist eine törichte Einstellung, denn sie widerspricht dem ersten Gesetz der Unternehmensführung: Was Erfolg hat, ist immer richtig, und für das, was Mißerfolg hat, muß man einen Prügelknaben finden. Und wenn es so kommen sollte, daß Sie an der Reihe sind, den Prügelknaben zu spielen, dann nehmen Sie Ihr Schicksal stoisch hin. Denken Sie daran, daß Sie es sind, der die Daumenschrauben womöglich in der nächsten Woche ansetzt.

Viele Betriebe haben »Leistungsbeurteilungs-Bögen« eingeführt, mit denen Manager die Leistung ihrer unmittelbar Untergebenen bewerten und ihre Urteilssprüche in formellen

Gesprächen verkünden. Derartige Gelegenheiten können für Sie zu einer gründlichen Prüfung Ihres Formats als Führungskraft werden, da man Ihnen wie dem Gefangenen auf der Anklagebank nicht erlaubt, dem Richter zu widersprechen. Die beste Strategie für Sie ist es, Ihre Fehler mit soviel Charme wie nur möglich zuzugeben und es Ihrem Boß herzlich zu danken, daß er Sie auf sie hinweist. Im Berufsleben nennt man das ein »reifes Verhalten«, und es wird auf Ihre Gehaltserhöhung einen wohltuenden Einfluß haben.

Wenn Sie bei Ihrer Arbeit einen Fehler machen, der nicht zu schwerwiegend ist, spricht ähnlich vieles dafür, ihn zuzugeben, bevor er offiziell entdeckt wird. Sich der Kritik seines Chefs freiwillig auszusetzen, ist eine raffinierte Form der Schmeichelei, weil das zeigt, daß Sie auf eine faire Behandlung vertrauen. Und da man es in der Tat als unfair ansieht, einen am Boden liegenden Mann zu treten, ist es unwahrscheinlich, daß Ihr Verhalten irgendwelche ernsthaften Nachwirkungen haben wird *(notabene:* Diese Methode ist *nicht* zu empfehlen, wenn Ihr Boß Amerikaner ist).

Dies also sind einige der hart erprobten und getesteten Tricks, die direkt an die Spitze führen. Wenn sie beharrlich angewendet werden, dann werden sie jeden Mangel an Begabung mehr als ausgleichen. Es muß tatsächlich überraschen, daß man sie an unseren Managerschulen nicht lehrt, denn wenn man sich nicht in eine Position im Management hineinhieven kann, wozu lernt man dann, wie etwas zu managen ist? Planung beginnt, wie die Wohltätigkeit, zu Hause, also warum sollten Sie nicht jetzt damit beginnen, Ihren Erfolg zu planen? Es wird ein langer, beschwerlicher Weg sein, aber die Belohnung ist groß, und außer Ihrer Selbstachtung haben Sie nichts zu verlieren.

Kapitel 8
Die Midas-Maschine

Die Berufung Amerikas ist das Geschäft
Calvin Coolidge

Ob uns das nun gefällt oder nicht (und vielen von uns gefällt es nicht), die amerikanischen Unternehmen haben allgemein den Ruf, eindeutig dynamischer als ihre europäischen Pendants zu sein. Von einem nahezu messianischen Streben nach Rentabilität und Wachstum beseelt, sind die multinationalen US-Unternehmen die modernen Gegenstücke zu Cäsars Legionen, arrogant, aber unwiderstehlich, wenn sie immer wieder ihre Standarten genau in die Zitadelle des Feindes setzen. Die Frage ist: Was hält sie in Schwung? Haben sie eine magische Erfolgsformel, die sich ihren einheimischen Konkurrenten nicht enthüllt? Sind ihre Manager intelligenter, besser ausgewählt, härter ausgebildet? Ziehen sie eine bestimmte Art von Führungskräften an, die in unseren großen Unternehmen immer seltener werden, die unter Druck Erfolg haben und tatsächlich Freude daran finden, sich auf Risiken einzulassen? Verdammt, oder sind sie etwa einfach *besser* als wir?

Fürchte dich nicht - o schuldbeladene europäische Führungskraft - Armageddon, im Detroit-Stil, ist noch nicht da. Der Niedergang der Großkonzerne, die Fiaskos der überseeischen Investmentfonds, die Betrügereien bei Lockheed, das unbeschreibliche Chaos bei Penn Railroad - sind das nicht die Werke von Menschen, die genauso verletzlich sind wie wir? Sicherlich kann niemand, der beobachtet hat, wie kaum des Lesens und Schreibens kundige Verkäufer im Londoner West End amerikanische Touristen vom Typ leitender Angestellter mühelos betrogen haben, noch an die Unbesiegbarkeit des amerikanischen Geschäftsmannes glauben? Dies sind normale menschliche Wesen, kein siegreiches Herrenvolk.

Aber wenn ihr menschliches Rohmaterial nicht begabter als unseres ist, wie kommt es dann, daß die US-Unternehmen doch mehr Nutzen aus ihnen zu ziehen scheinen? Liegt das Geheimnis in der Ausbildung und Fortbildung, die ihre Manager erhalten? Sind ihre Führungskräfte dermaßen daran gewöhnt, Scheinschlachten im Klassenzimmer zu gewinnen, daß das Gewinnen der echten Schlacht bereits eine vorweggenommene Entscheidung ist? Hier sind die Methoden, die allgemein angewendet werden, um potentielle Führungskräfte in den Rahmen des Unternehmens einzufügen.

Do-it-yourself

Technisch als »Fortbildung am Arbeitsplatz« bekannt, ist dies das unternehmerische Gegenstück der natürlichen Auslese. Keine Methode könnte einfacher funktionieren: Man wirft den Aspiranten einfach ins tiefe Wasser und sieht, ob er schwimmen kann. Wenn der Mann überlebt, dann fördert und ermutigt man ihn; wenn er untergeht, rät man ihm, sein Glück woanders zu versuchen. Dieser Ausleseprozeß findet in der Regel im ersten Beschäftigungsjahr statt, wodurch man säuberlich die Spreu vom Weizen trennt.

Von kurzer »Orientierung« und Produktkursen abgesehen kommt es selten vor, daß ein Mann irgendeine fortgeschrittene formelle Ausbildung erhält, bevor er dieses Gottesurteil erfolgreich überstanden hat. Auf diese Weise spart der Betrieb sowohl die Zeit wie auch die Kosten, die die Förderung möglicher Versager mit sich bringt, da es ein Glaubensartikel ist, daß der Beste immer überleben wird. Historisch ist das natürlich eine Rückkehr in die alte Wild-West-Pioniertradition, in der ein Mann durch die Schnelligkeit des Abziehens überlebte, aber auch im Rahmen des Wirtschaftslebens sollte sie nicht zu leichtfertig aufgegeben werden. Überhaupt gibt es noch zu viele einheimische Organisationen, in denen es eher die langjährigen Opportunisten als die Begabten sind, die in die höheren Positionen gelangen, wobei zu nachsichtige Vorgesetzte ihre Schwächen geflissentlich übersehen. Glücklicherweise werden solche Unternehmen jedes Jahr seltener, da sie um die Bewältigung der Herausforderung durch steigende Kosten kämpfen müssen. Wer kann trotzdem leugnen, daß es noch immer einige große Firmen hierzulande gibt, in denen der unternehmerische Geist ein ausgemergelter Tiger ist, der kaum noch genug Kraft hat, in seinem Käfig herumzutrotten?

Und so werden Sie in Ihrem ersten Jahr in einem amerikanischen Betrieb sehr hart auf die Probe gestellt, Ihre Stärken und Schwächen werden sorgfältig beobachtet und eingestuft. Es werden überhaupt keine Weichlinge geduldet. Man erwartet von Ihnen, daß Sie keine Fragen stellen, Dinge selbst herausfinden und bereit sind, sich in der Kultur des Betriebs zu assimilieren. Am Schluß von alldem werden Sie entweder als ein Mann von Leistungsfähigkeit klassifiziert oder als einer, der das Klassenziel wahrscheinlich nicht erreichen wird. Auf jeden Fall läßt man Sie nicht im Zweifel darüber, wo Sie stehen.

Schutzimpfung

Die einzigen Spiele, die Sie in einem amerikanischen Unternehmen spielen, sind Geschäftsspiele, und Sie spielen immer, um zu gewinnen. Nachdem Sie das Gottesurteil zu Beginn einsam überlebt haben, werden Sie jetzt in den Schoß des Unternehmens aufgenommen werden, und man wird von Ihnen verlangen, daß Sie Ihr Kontingent an innerbetrieblichen Ausbildungskursen absolvieren.

Wie alles andere in der Organisation ist die Managementausbildung hart, praktisch und erfolgsorientiert. Man gibt sich nicht ziellos mit gelehrten Theorien ab: Alles, was gelehrt wird, muß sich auch anwenden lassen. Da die potentielle Führungskraft zum Sprechen ermutigt wird, ist nichts von der steifen Atmosphäre des typischen europäischen Managementkurses zu finden. Die Kursteilnehmer sind ernsthaft und ohne Unterschied begeistert bei der Sache. Was die Lehrkräfte betrifft, so machen sie sich oft wie Verkäufer aus, die sich eifrig darum bemühen, die Tatsache zu verbergen, daß sie einen Hochschulabschluß haben.

Der Grundton dieser Kurse ist rauhe, hart geführte Diskussion: Es gibt keinen Pardon und man erwartet keinen. Wenn der Trainer einen schwachen Punkt hat, können Sie sicher sein, daß die Kursteilnehmer ihn finden und ausnutzen werden, und wehe dem Mann, der sein Material nicht mit vielen konkreten Beispielen aus seiner persönlichen Erfahrung illustrieren kann. Dieses alles beherrschende Beharren auf praktischer Relevanz und Verwertbarkeit läßt so viele amerikanische Unternehmen in Europa zögern, einigen unserer soliden Ausbildungsinstitutionen großzügigere Unterstützung zukommen zu lassen. Ja, man empfindet sie, zu Recht oder zu Unrecht, als bloße Elfenbeintürme, in denen Männer arbeiten, die sich der Belastung der alltäglichen Unternehmensführung nur allzugerne entzogen haben. Ähnlich hat so mancher wohlbekannte Management-»Experte« sein Waterloo erlebt, wenn er als Gastreferent bei innerbetrieblichen amerikanischen Managementkonferenzen erschien. Da er an die sanftere und zurückhaltendere Atmosphäre unserer Managementseminare gewöhnt war, war er über die Offenheit der Fragen, die man auf ihn abfeuerte, ebenso erschüttert, wenn nicht entsetzt, wie über das erbarmungslose Sondieren aller Antworten, die man als zu unklar oder vage empfand.

Kurzum, Managementausbildungskurse in multinationalen US-Unternehmen führen dazu, eher nüchterne, realistische Führungskräfte als kultivierte Managementtheoretiker hervorzubringen. Es gibt natürlich eine wichtige Folgeerscheinung von all diesem - eine unausgesprochene Weltanschauung, die die Beziehungen auf allen Ebenen innerhalb der Organisation wie auch mit den Gewerkschaften und anderen externen Körperschaften beeinflußt. Vielleicht läßt sich diese Anschauung am besten als »opportunistischer Pragmatismus« beschreiben, als eine Überzeugung, daß nur der Erfolg zählt - und zur Hölle mit allen Grundsätzen, wenn sie einem im Weg sind. Es ist kein Zufall, daß das Wort, das von den Führungskräften in amerikanischen Unternehmen am häufigsten gebraucht wird, »Flexibilität« ist, was lediglich auf andere Weise sagt: »Halten wir uns Alternativen offen.«

Wie nüchtern und empirisch sie auch sein mögen, viele amerikanische Unternehmen sind Managermätzchen und -allheilmitteln gegenüber erstaunlich anfällig, vor allem wenn sie hübsch in dem allerneuesten psychologischen Jargon verpackt sind. Es scheint einen besonders großen Appetit auf Kurse zu geben, die behaupten, den »Führungsstil« eines leitenden Mitarbeiters verändern oder die rauhen Kanten seiner Persönlichkeit abschleifen zu können. Einige Zyniker haben behauptet, daß die Empfänglichkeit amerikanischer Unternehmen für diese Produkte eine direkte Auswirkung ihrer Verkaufsorientierung sei, denn wem kann man leichter etwas verkaufen als einem erfahrenen Verkäufer? Aber das ist nur ein Teil der Geschichte. Die Wahrheit ist, daß die meisten amerikanischen Organisationen in ihrem Innersten optimistisch sind: Sie kennen keinen Grund, warum Menschen sich nicht ändern wollen sollten, wenn nur die Botschaft, die man ihnen mitteilt, ausreichend begeistern kann. So neigen sie eher dazu, mit denen ungeduldig zu sein, die zur Vorsicht raten und auf die vielen komplexen Faktoren hinweisen, die den Wandel verhindern können. Bezeichnenderweise sind solche Unternehmen an raschen Erfolgen interessiert: Folglich kann jeder, der sie verspricht, sicher sein, mit Sympathie gehört zu werden.

Obwohl sie immerhin auf so fruchtbarem Boden betrieben werden, ist die Geschichte dieser Trainingsveranstaltungen in amerikanischen Unternehmen bei weitem nicht die Geschichte eines stürmischen Erfolgs. Der Grund hierfür ist einfach: der Mangel an Beteiligung durch die Unternehmensführung. Es ist einfach nicht realistisch, die mittleren und unteren Führungskräfte mit den jüngsten Erkenntnissen der Verhaltenstheorie zu bombardieren und zu erwarten, daß sie sich ändern, wenn der Vorstand weiterhin wie eine eherne Autokratie funktioniert. Es ist die uralte Geschichte des »Tu, was ich dir sage, nicht, was ich tue«, eine Situation, die vielen gut gemeinten Projekten den Todesstoß versetzt hat (und natürlich nicht nur in amerikanischen Unternehmen).

Aber zur allgemeinen Überraschung scheint in den Herzen jenseits des Atlantik ewig von neuem Hoffnung zu entstehen. Selbst wenn die Wundermedizin des letzten Jahres spurlos vorübergegangen sein mag, besteht immer die Möglichkeit, daß das Allheilmittel dieses Jahres sich als das magische Elixir erweisen könnte, das es der Organisation ermöglichen wird, ihre Konkurrenten weit hinter sich zu lassen. Und so wird die Schatztruhe noch einmal geöffnet, und hochbezahlte Führungskräfte haben durch die Reifen teurer Trainings zu springen. Das mag großartig sein, aber sicherlich ist es sachlich nicht begründet.

Korpsgeist

Die Ausbildung, die eine zukünftige Führungskraft in einem amerikanischen Betrieb erhält, beschränkt sich nicht einfach auf die Teilnahme an formalen Kursen. Die Organisation beschreitet viele geheimnisvolle Wege, die alle dazu führen, loyale Betriebsangehörige zu schaffen. Die gesamten Mittel einer hochentwickelten multinationalen Werbemaschinerie werden eingesetzt, so daß ein in London arbeitender Engländer bald das Gefühl bekommt, mit seinem Kollegen, sagen wir, in Paris mehr als mit seinem Nachbarn in der City gemeinsam zu haben.

Und das ist tatsächlich auch so. Schritt für Schritt wird aus ihm nicht nur ein »britischer Hilfswilliger«, sondern ein Legionär in einer großen internationalen Armee von Führungskräften, für den ein Besuch in den Vereinigten Staaten so alltäglich wie das Einkaufen am Samstagmorgen im nächsten Supermarkt ist. Und damit er nicht irgendwelche »kleineuropäischen« Ideen zu entwickeln beginnt, werden ihm in regelmäßigen Abständen die spektakulären Erfolge der großen weltweiten Familie, deren Mitglied er ist, in Erinnerung gebracht. Fast alle multinationalen US-Unternehmen bringen ihre eigene Monatszeitschrift heraus, die selbst in den entferntesten Außenposten des Firmenimperiums verbreitet wird. Vollgepackt mit Nachrichten über aufregende neue Produkte und hervorragende Verkaufserfolge, projizieren diese internationalen Zeitschriften ständig das Bild des Unternehmens als einer unwiderstehlichen Macht, die praktisch alle Hindernisse überwinden kann. Etwas Nachteiliges über das Unternehmen wird auf diesen Seiten niemals gedruckt; wenn irgendwelche Schlachten verlorengegangen sind, so wird darüber nichts berichtet. Ab und zu wird als eine Art päpstlicher Segen eine Botschaft des Vorsitzenden in vollem Wortlaut abgedruckt. Das Thema dieser Bulletins ist fast immer das gleiche: »Ihr seid ganz prima, Jungs, aber versucht bloß, die Kosten niedrig zu halten.«

Es gibt natürlich eine Reihe von Stammesritualen, die in jeder Tochtergesellschaft peinlich genau befolgt werden. Ein typisches Beispiel ist die jährliche Managementkonferenz, wenn sich der gesamte Führungsstab von der Klasse der Jaguarfahrer bis hin zu den bescheidenen Polos versammelt, um ausführlich aufmunternden Worten von der Unternehmensführung zu lauschen.

Die Stimmung bei diesen Versammlungen ist eine Mischung aus Evangelisationsveranstaltung und einem

Abend am Stammtisch. Allgemeine Podiumsredner werden gutmütigen Fragen aus einer unzähligen Zuhörerschaft ausgesetzt; die neuesten Filme über das Unternehmen werden unter respektlosen Zwischenrufen gezeigt; und es gibt immer ein besonders höhnisches Gelächter, wenn der Finanzdirektor seine Rede beginnt. Aber wenn erst einmal das magische Wort »Gewinn« gefallen ist, senkt sich wie in einer Kathedrale Schweigen über die Versammlung. Selbst in amerikanischen Unternehmen gibt es einige Dinge, die viel zu heilig sind, als daß man darüber Witze reißen würde.

Mir nach, Männer!

Die große Mehrheit der multinationalen US-Unternehmen wurde von Männern gegründet, deren unternehmerischem Scharfblick nur noch die Kraft ihres Charakters und ihrer Persönlichkeit gleichkam. Dieser Glaube an die nahezu magischen Fähigkeiten der vorwärtstreibenden Führer durchdringt solche Organisationen noch heute, womit das Gewicht zu erklären ist, das man der Menschenführung und dem Führungstraining beimißt.

Manager in amerikanischen Organisationen haben keine Illusionen über das Ausmaß an Bedeutung, die das Unternehmen der Förderung der Mitarbeiter beimißt. Für welche Methode zur Lösung dieser Aufgabe sich ein Manager entscheidet, bleibt im Grunde ihm ganz allein überlassen. Er kann ein Beichtvater oder ein auf den Tisch schlagender Autokrat, ein phantastischer Kollege oder ein eiskalter Bürokrat sein. Die Frage lautet: »Sorgt er für ausreichenden talentierten Führungsnachwuchs in seiner Gruppe?« Und täuschen Sie sich nicht: Das ist eine Methode, die wirkt; so mancher leitende

Mitarbeiter ist bei der Beförderung übergangen worden, weil er es versäumt hatte, einen fähigen Nachfolger heranzuziehen. Bei solchen Anreizen braucht kein Manager mit Ehrgeiz an den Haaren in das Ausbildungszentrum für Führungskräfte des Unternehmens geschleift zu werden (eine Situation, die in vielen europäischen Unternehmen unglücklicherweise durchaus geläufig ist). Er weiß sehr wohl, daß man ihm solche Gelegenheiten nicht leichtfertig anbietet und daß es viele andere leitende Mitarbeiter gibt, die nur zu erpicht darauf sind, seinen Platz zu ergattern.

Die Führungsrolle des einzelnen Managers ist daher in amerikanischen Unternehmen von höchster Bedeutung, und es ist üblich, daß der persönliche Stil eines Managers auf allen Ebenen seiner Abteilung kopiert wird. Natürlich greift dieses »Dem-Führer-nach«-Syndrom recht häufig auf andere Gebiete wie Kleidung und Sprache über. Wenn zum Beispiel die Ausdrucksweise der Führungskraft mit vulgären Worten durchsetzt ist, werden seine Mitarbeiter bald seine Lieblingsflüche gebrauchen; wenn er plötzlich eine Vorliebe für kurzen Haarschnitt und grelle Hemden an den Tag legt, wird es in seiner Abteilung sehr schnell von Managern mit Bürstenschnitt und Kleidern so farbig wie die Pfauen wimmeln. In der Tat ist in derartigen Fragen des persönlichen Geschmacks wie auf so vielen anderen Gebieten ein amerikanisches Unternehmen kein Ort für jemanden mit strengen Überzeugungen. Irren mag menschlich sein; aber nicht flexibel zu sein, ist ein Verhängnis.

Kristallkugel

Kein leitender Mitarbeiter, der für ein multinationales US-Unternehmen arbeitet, kann sich mit Recht beklagen, vergessen worden zu sein: Es gibt viel zuviele Augenpaare, die seine Leistung beobachten. Erstens ist da sein Boß, der ihn wenigstens einmal im Jahr formell beurteilt. Dann gibt es die immer aufmerksame Personalabteilung, in der seine Hauptüberwacher der Personalchef und der mit der merkwürdigen Bezeichnung »Chef der Arbeitskräftebeschaffung« sein werden. Schließlich operiert aus der Ferne wie ein einsamer und manchmal bösartiger Pate der Vizepräsident für innerbetriebliche Beziehungen, in dessen Hand alle Berichte über leitende Mitarbeiter letzten Endes geraten.

Bei einer solchen Überfülle von Daten würde man sehr gerne berichten, daß die besten Führungsposten ohne Unterschied an die Kandidaten gehen, die in ihrer Laufbahn die besten Zeugnisse hatten. Aber leider ist dem nicht so: Verdienst wie Patriotismus sind nicht immer ausreichend (obwohl selten ein himmelschreiender Scharlatan es erreicht, ernannt zu werden). Es wäre natürlich naiv, den Einfluß politischer Faktoren bei eigentlich jeder Ernennung auf einen höheren Posten in größeren Unternehmen zu leugnen, ob die Zentrale nun in Dallas oder in Düsseldorf sitzt. Aber in amerikanischen Unternehmen gibt es oft eine besonders gerissene Form des internen Machtkampfes. Ungeachtet dessen, wie gut Ihre Leistung sein mag, helfe Ihnen Gott, wenn Sie sich mit Ihrem Boß überwerfen (außer natürlich, wenn Sie mächtige Verbindungen zu den höheren Rängen des Unternehmens oder noch besser zur Politik oder zu den Medien haben).

Es ist die Tragödie vieler großer amerikanischer Unternehmen, daß sie, obwohl sie hochentwickelte Systeme zur »Talentsuche« haben, es oft unterlassen, sie richtig einzusetzen; in der Praxis hat der unmittelbare Boß das letzte Wort. So ist so mancher begabte und ehrgeizige Mann aus einer Firma vertrieben worden, weil sein Boß in ihm einen gefährlichen Rivalen sah und alles in seiner Macht Stehende tat, um den Brunnen zu vergiften. Das im Grunde autokratische Wesen solcher Unternehmen, der Glaube, daß das Management auf jeder Ebene das Recht hat, sowohl Anträge zu stellen wie Verfügungen zu erlassen, machen es für jeden leitenden Angestellten, der sich ungerecht behandelt fühlt, ungeheuer schwer, die Unterstützung der höheren Vorgesetzten zu erlangen, wie berechtigt auch immer seine Klage sein mag. So besteht die einzige Methode, mit der ein solcher Mann überleben kann, darin, selbst Politik zu machen und Bündnisse zu schließen, am besten sowohl innerhalb wie auch außerhalb des Unternehmens. Wenn er sich erst einmal derartige Protektion verschafft hat, ist es unwahrscheinlich, daß er in ernsthafte Schwierigkeiten kommen wird, da amerikanische Unternehmen direkte persönliche Konfrontationen besonders stark scheuen – immerhin zerstören sie das hochgeschätzte Betriebsimage der »Gemeinschaft« und »Teamarbeit«.

Trotz der Überfülle von Kristallkugeln, in denen man zukünftige Ereignisse heraufdämmern sehen könnte – Leistungsbeurteilungen, vertrauliche Berichte, Pläne für Nachfolger im Amt, usw. –, bleiben viele Führungskräfte daher verständlicherweise zynisch, was das Ausmaß ihres Einflusses betrifft, und arbeiten beharrlich an der Instandhaltung ihrer politischen Zäune. Und wer könnte sie dafür tadeln?

Trotzdem haben amerikanische Firmen im Vergleich mit den meisten ihrer europäischen Konkurrenten einen wichtigen psychologischen Pluspunkt: ihre Klassenlosigkeit. Es gibt viel weniger von diesen sorgfältig gezogenen Grenzen zwischen verschiedenen Ebenen der Belegschaft, die die Beziehungen in so vielen europäischen Unternehmen noch verzerren gen in so vielen europäischen Unternehmen noch verzerren und vergiften: die getrennten Restaurants, die Wagenparks für die Leitenden, der Eingang »Nur für Personal« usw. Es ist in einer amerikanischen Tochtergesellschaft in Europa ein alltägliches Ereignis, daß ein Generaldirektor im Selbstbedienungsrestaurant in der Schlange hinter einer Schar von Sekretärinnen wartet, die sehr wohl erst am selben Morgen in die Firma eingetreten sein können. Ein kleiner Punkt vielleicht, aber einer, der wie der fast allgemeine Gebrauch der Vornamen ein Anzeichen für das offen demokratische Ambiente ist, das zu schaffen und zu erhalten sich die meisten amerikanischen Unternehmen bemühen.

Trotz der ungünstigen Publizität, die sich aus einigen allgemein bekannten Beschwerdepunkten ergeben hat, besteht kein Zweifel daran, daß sehr viele europäische Angestellte von multinationalen US-Firmen, von welchem Status auch immer, eine solche Atmosphäre als erfrischend wie auch befriedigend empfinden, und das macht sich in ihrer Leistung bezahlt. Der Führungsstil mag nach wie vor paternalistisch sein, aber wenigstens gibt es sehr viel weniger von jenen kleinlichen, soziale Unterschiede markierenden Bräuchen, die in stärker hierarchisch strukturierten Organisationen von vornherein eine Quelle von Spannungen sind. Dies ist vielleicht das eigentliche Erfolgsgeheimnis des amerikanischen Unternehmens; es hat eine Gesellschaft geschaffen, in der es weder Gentlemen noch Glücksspieler gibt. Und da es Klassen und Herkunft abgeschafft hat, hat es den Erfolg kanonisiert.

Kapitel 9
Parcours-Partner

Gesegnet ist, wer nichts erwartet,
denn er wird niemals enttäuscht werden.
Alexander Pope, *Letters,* 23. September 1725

Wenn ein Manager an einem außerbetrieblichen Trainingskurs teilnimmt, sieht er sich vor die Herausforderung gestellt, neue Bekanntschaften zu machen, Menschen zu treffen, mit denen er sich identifizieren kann. Das trifft vor allem für jene superteuren Klausurtagungen zu, bei denen er ein paar Wochen lang eingeschlossen wird. Zum Glück hat er innerhalb von wenigen Tagen diejenigen entdeckt, die er sympathisch findet, und jenen aus dem Weg zu gehen gelernt, die weniger angenehm sind. Aber ob sie sich nun als Freunde oder Feinde erweisen, er wird sicherlich einige der folgenden Typen antreffen.

Der Besserwisser

Dies ist ein Mann, der der Meinung ist, daß eigentlich er den Kurs in die Hand nehmen, nicht nur an ihm teilnehmen müßte. Durch sein unergründliches Ego gegen fast jede neue Idee isoliert, betrachtet er formelle Ausbildung als eine Zeitverschwendung und bringt seine Ansicht eindeutig zum Ausdruck. Einer seiner Lieblingskommentare ist »Das ist in der Theorie ganz schön und gut«, ein sicheres Anzeichen dafür, daß das über sein Begriffsvermögen geht.

Da er sich selbst als einen dynamischen Entscheidungsträger sieht, liefert er eifrig Beiträge zu Gruppendiskussionen und wird schnell für seine nicht praktizierbaren Lösungen bekannt. Paradoxerweise trägt gerade seine Skepsis dazu bei, die Moral zu heben, da sie andere dazu ermutigt, seine Ideen zu kritisieren, ohne daß sie jemals fürchten müßten, daß er die Kritik widerlegen könnte. Da er seine Rolle als Punchingball im Klassenzimmer nicht erkennt, reitet er weiterhin auf seinem Lieblingsthema herum: die Notwendigkeit, daß Manager ihren »gesunden Menschenverstand« einsetzen.

Natürlich kann ein solcher Mann einen festgefügten Kursplan kaputtmachen. Es sind nicht nur seine irrelevanten Kommentare, mit denen man fertig werden muß: Man muß auch seine langweiligen Erinnerungen abblocken. Es gibt kaum ein Thema, das ihn nicht an irgendein triviales Problem in seiner bisherigen Laufbahn erinnert, für das er selbstverständlich eine glänzende Lösung fand. Noch hat er irgendeine Scheu, seinen Partnern, den Kursteilnehmern, seinen Rat anzubieten, wenn sie in allgemeinen Diskussionen ihre Probleme ausbreiten. Wie vorherzusagen war, wird dieser Rat ohne Unterschied zurückgewiesen – in der Regel aus dem Grund, daß er am Kern des Problems vorbeigegangen ist.

Warum solche Männer zu Kursen geschickt werden, bleibt ein Geheimnis. Vielleicht sind ihre Chefs durch und durch Optimisten, die auf etwas hoffen, was dem Wunder von Lourdes gleichkommen würde? Vielleicht sehen sie in Trainern allmächtige Alchimisten, die Blei in Gold verwandeln können? Oder könnte es einfach sein, daß sie der lästigen Aufgabe, mit ihnen fertig zu werden, entgehen möchten? Eine Sache ist sicher: Kein Kurs wird wahrscheinlich irgendeine noch so geringe Wirkung haben. Selbst wenn der Geist willig wäre, ist das Gehirn zu schwach.

Der Profi

Dieser Mann hat im allgemeinen an mehr Kursen teilgenommen als der Rest der Kursteilnehmer zusammen. Oft steht er wenige Jahre vor dem Ruhestand, ist der offizielle Kursbewerter seines Betriebes und verbringt praktisch seine ganze Zeit damit, an Konferenzen und Seminaren teilzunehmen. Ein Veteran in Tausenden von Vorträgen, hat er das Auftreten eines Mannes, der alles schon einmal gesehen hat, wie ein Ölmillionär auf einer Kreuzfahrt rund um die Welt.

Er ist in Gruppendiskussionen durch seine offensichtliche Vertrautheit mit dem Managementjargon leicht zu erkennen. Das kann seine Kollegen manchmal in die Irre führen, so daß sie in ihm einen Experten sehen, aber ein solcher Ruf ist ausnahmslos von kurzer Dauer. Er gleicht einem erfahrenen Touristen, der in verschiedenen Sprachen ein paar Sätze plappern kann, aber vollkommen unfähig ist, eine von ihnen fließend zu sprechen. Unter diesem Gesichtspunkt wie unter so vielen anderen ist er das vollkommene Beispiel für eine gestörte Entwicklung.

Trotzdem ist er nicht ohne gewisse Schläue und kann vorzüglich jede verantwortliche Rolle von sich weisen. Zum Beispiel wird er sich niemals freiwillig als Diskussionsleiter melden, sondern wird immer als erster jemand anderen vorschlagen. Wiederum wird er jeden Versuch, ihn zum Sprecher zu machen, bescheiden mit der Begründung ablehnen, daß das eine Aufgabe für einen jüngeren Mann sei. Bei die Gewerkschaft betreffenden Fragen bleibt er eher ruhig und nimmt selten Stellung, wenn die Diskussion sich erhitzt. Das ist verständlich, da er, nachdem er an Dutzenden von Kursen teilgenommen hat, alle Argumente auswendig kennt.

Ein echter Profi läßt sich durch die Belastungen eines Kurses niemals aus der Ruhe bringen. Während kühn nach vorne drängende junge Leute über einem komplizierten Problem, das ihnen die Trainer aufgegeben haben, bis tief in die Nacht hinein arbeiten, schläft er sorglos nach einem Abend in der Bar. Immerhin sind das, so denkt er, alles nur Papierschlachten und die Mühe nicht wert, deswegen aufzubleiben. Sehr viel besser ist es, zeitig schlafen zu gehen und all diese Jungtürken Topmanager spielen zu lassen.

Der Typ, den man hereingelegt hat

Einen Mann zu einem Kurs zu schicken, ist eine ausgezeichnete Methode, seine Abwesenheit sicherzustellen, während seine Abteilung reorganisiert oder sogar aufgelöst wird (je länger der Kurs, um so radikaler ist im allgemeinen der Eingriff). Tatsächlich ist so manche Führungskraft von einem längeren Kurs zurückgekommen, um festzustellen, daß sein Name vom Organisationsplan verschwunden ist oder daß er im Rennen um die Beförderung entscheidend an Boden verloren hat.

Es ist leicht einzusehen, warum so ein Mann oft zum Opfer interner politischer Auseinandersetzungen wird. Er ist ein Muster von »nettem Kerl«, der vollkommen unfähig ist, menschliche Gemeinheit zu erkennen, und davon ausgeht, daß jedermann genauso reine Motive hat wie er. Bei Kursen passiert es ihm ständig, daß er von Menschen zum Diskussionsleiter oder Sprecher gewählt wird, die nur allzu bedacht darauf sind, Verantwortung zu umgehen, und die in ihm einfach einen gefügigen naiven Kerl sehen. Da er immer ängstlich darum bemüht ist zu gefallen, versteht er ihre Schmeicheleien als besonderen Tribut an seine Fähigkeit und übernimmt als williger Packesel all jene unangenehmen Aufgaben.

Als Kursteilnehmer ist er höflich, von guten Manieren und vollkommen harmlos. Man kann sich darauf verlassen, daß er niemals die Geduld verliert oder eine peinliche Frage stellt (selbst wenn ihm eine in den Sinn kommen sollte, würde er nie den Mut aufbringen, sie zu stellen). Da er jede Art von persönlicher Konfrontation fürchtet, weicht er bei der geringsten Herausforderung schnell zurück und modifiziert oder widerruft sogar bereitwillig jede Ansicht, die er zum Ausdruck gebracht hat. Das liegt daran, daß er glaubt, Gemeinsinn und Teamarbeit seien wichtiger als Prinzipien: Man würde von diesem Mann als letztem erwarten, daß er auf die Barrikaden geht.

Es ist ein Wunder, daß solche Männer in der Wirtschaft überhaupt überleben, und tatsächlich werden viele bei Geschäftsübernahmen und Fusionen hinweggeschwemmt. Andere finden sich in verschiedenen Posten aufs Abstellgleis geschoben, wo sie zufrieden auf ihre goldene Armbanduhr und die Pensionierung warten.

Einige leitende Angestellte sind nur glücklich, wenn sie kritisieren können, und die Schmeißfliege ist wahrscheinlich der schädlichste Vertreter dieser besonderen Art. Er scheint eine nahezu orgiastische Befriedigung darin zu finden, seine verschiedenen Gegner intellektuell zu erniedrigen und sie symbolisch in den Staub zu treten. Oft ein Mann von beträchtlichem geistigen Kaliber, ist er auf seine logischen Fähigkeiten stolz und findet Freude daran, dem unvorsichtigen Dozenten Fallen zu stellen.

Sein Lieblingstrick besteht darin abzuwarten, bis sein Opfer seine These entwickelt hat, und ihn dann mit einer sarkastischen Frage zu überfallen, die dessen offensichtliche »Widersprüche« herausstellen soll. Es ist nicht so sehr die Frage selbst, die seine Kollegen angriffslustig macht, vielmehr der herablassende Ton, in der sie gestellt wird. Unbeeindruckt von den finsteren Blicken und dem gedämpften Gemurmel, die auf seine Einwürfe folgen, besteht er weiterhin mit der ganzen Empfindsamkeit eines verwundeten Büffels auf seinem Standpunkt, wodurch er seine Kollegen zur Verteidigung des Redners vereint. Wie gewichtig seine Argumente auch sein mögen - und manchmal haben sie wirklich Gewicht -, er erfährt selten auch nur die geringste allgemeine Unterstützung, da sein Verhalten tiefsitzendes Mißfallen erregt. So wird er in die Rolle des ewigen Außenseiters gedrängt und findet selten engeren Kontakt zu den anderen Kursteilnehmern.

Es ist schade, daß seine Talente so verschwendet werden, da er ohne Zweifel in der Lage ist, wichtige Beiträge zu leisten. Aber sein vollkommener Mangel an politischem Geschick bedeutet in Managementkursen wie auch an seinem Arbeitsplatz im wirklichen Leben, daß jedermann gegen ihn ist, sobald er nur den Mund aufmacht. Obwohl jeder Arbeitsbereich Schmeißfliegen hervorbringen kann, kommen viele von ihnen aus dem Rechnungswesen. Genau die Tugenden, die sie fachlich kompetent machen, analytische Fähigkeit und ein Auge für Absurditäten, sind es, die sie bei ihren Kollegen unbeliebt machen. So fehlt ihnen oft das magische Verkaufstalent - doch wenn sie es haben, können sie in der Tat ungeheuer mächtig werden.

Der Schreiber

Er sucht eifrig nach der Wahrheit und trägt Wissen zusammen, wie der Geizhals das Geld hortet. Er ist in jedem Kurs bei weitem der fleißigste Teilnehmer und stellt kaum Fragen, da er so sehr mit seinen Notizen beschäftigt ist. Daß er sich solche Mühe gibt, ist tatsächlich komisch, da nur sehr wenige Dozenten etwas Neues zu sagen haben (und diejenigen, die etwas Neues zu sagen hätten, haben oft Schwierigkeiten, sich mitzuteilen). Aber für den Schreiber ist alles wichtig, und er darf keinen Punkt vergessen. In wenigen Tagen produziert er Notizen, die für einen ausgewachsenen Roman reichen würden.

Im Grunde ist er ein ziemlich unsicherer Mann, der Schuldgefühle hegt, weil er an dem Kurs teilnimmt. Er empfindet ein zwingendes Bedürfnis zu beweisen, daß er hart arbeitet, und sieht in seinen Notizen eine Art Beweis dafür. Selbst wenn die Dozenten umfangreiche schriftliche Unterlagen ausgeben, hat das wenig Einfluß auf seine Produktivität: Er macht so emsig weiter, als ob er zu einem Tolstoi werden wollte.

Natürlich muß er allerhand Scherze von seinen weniger fleißigen Kollegen über sich ergehen lassen und bekommt oft

Spitznamen wie »Prof.« oder »Einstein«. In Wirklichkeit hat er nicht die geringsten akademischen Neigungen, und es fehlt ihm eigentlich an jeder kritischen Befähigung. Während seine mehr dem Irdischen zugewandten Kollegen in der Bar ihren Spaß haben, sitzt er in seinem Zimmer und versucht, seine Notizen zu verdauen, oder arbeitet bis tief in die Nacht hinein an den abendlichen Hausaufgaben. Die Folge davon ist, daß er pausenlos müde ist und an Plenumsdiskussionen wenig Anteil nimmt.

Wenn er vom Kurs zurückkommt, produziert er einen umfangreichen Bericht, der Punkt für Punkt eine Beschreibung der Arbeit jedes einzelnen Tages enthält. Es braucht nicht gesagt zu werden, daß er fast nie gelesen wird und schnell in die Vergessenheit einer Akte verschwindet. Sowohl für den Schreiber wie für seinen Boß ist das Spiel vorbei. Es ist Zeit, sich wieder an ernsthaftere Dinge zu machen.

Der Sportsfreund

Für diesen Mann bedeutet die Teilnahme an einem Kurs eine Verlängerung seines Jahresurlaubs. Er hat nicht die geringste Absicht, irgend etwas zu arbeiten: Er möchte gut essen und trinken und soviel wie möglich Tennis oder Golf spielen. Er ist fast immer in den Kursen vom Typ »Landhaus« zu finden, wo es eine ausgezeichnete Küche und die besten Weine gibt. Er vermeidet lieber Kurse, die in geschäftigen Hotels oder in alten Universitäten mit zugigen Vorlesungsräumen durchgeführt werden.

Mit seiner bukolischen Haltung und seinem dröhnenden Gelächter ist er der Champagner-Charlie eines jeden Kurses und für seinen Einfluß auf die Stimmung sein Gewicht in Gold wert. Nicht einmal der trockenste Dozent kann ihm die gute Laune verderben und er empfindet für »wissenschaftliches Management« eine gesunde Mißachtung. Für ihn gibt es kein Problem, das sich nicht am neunzehnten Loch lösen ließe. Er glaubt, daß alle Gewerkschaftsführer zum Golfspielen gezwungen werden sollten.

Da er im Grunde ein einfaches Gemüt ist, schenkt er Besserwissern und Schmeißfliegen kaum Beachtung, die er »Arschlöcher« zu nennen fähig ist. Während er sorgsam darauf achtet, sich nicht in intellektuelle Gefechte einzumischen, machen ihn seine Persönlichkeit, die sich nichts gefallen läßt, und seine heitere Unehrerbietigkeit zu einem bedrohlichen Gegner und zu einem mächtigen Verbündeten. Er kommt mit dem Profi prächtig aus und eilt oft schnell zur Verteidigung des unseligen Typs, den man hereingelegt hat. Aber da er kein bißchen eingebildet ist, ist er immer bereit, auf seine eigenen Kosten zu scherzen.

Der Sportsfreund ist am häufigsten in jenen langen gemächlichen Managementkursen zu finden, die von erstklassigen europäischen Unternehmen bevorzugt (und von multinationalen US-Konzernen wie die Pest gemieden) werden. Hier mitten unter den georgianischen Fenstern und Adam-Kaminen ist der Sportsfreund in seinem Element (nicht daß er an kulturellen Dingen interessiert wäre - es ist einfach so, daß eine solche Umgebung seiner Persönlichkeit entspricht). Unglücklicherweise ist er der Vertreter einer aussterbenden Art, da immer mehr Unternehmen sich ganz auf höchste Kostenrentabilität versteifen und damit beginnen, ihre Management-Falstaffs auszuquetschen. Wenn sie die Axt der Entlassung trifft, finden Sportsfreunde oft einen Job als Quästor oder Verwalter von Management-Colleges, wo sie ihren Aufgaben in der Regel ausgezeichnet gerecht werden.

Was diesen Mann betrifft, so nimmt er nur mit einem Ziel am Kurs teil: Produkt oder Dienstleistung seines Unternehmens an die übrigen Kursteilnehmer zu verkaufen. Er macht sich ausnahmslos bereits in der Eröffnungssitzung bemerkbar, wenn sich die Kursteilnehmer ihren Trainingskollegen vorstellen. Aber während sich die meisten Führungskräfte auf ein paar kurze Bemerkungen beschränken, läßt der Hausierer ausgiebige Reklamereden vom Stapel, in denen er sein Unternehmen und das von ihm verkaufte Produkt glorifiziert. Es sind Fälle bekanntgeworden, in denen Hausierer ihre Produkte tatsächlich hervorgeholt und zur persönlichen Inaugenscheinnahme am Tisch herumgereicht haben. Das trifft nicht auf diejenigen zu, die Investitionsgüter verkaufen.

Von da an läßt er nicht locker und ergreift jede nur mögliche Gelegenheit, um seine Kollegen einer Gehirnwäsche zu unterziehen. Natürlich spielt sich der größte Teil des wirklichen hard selling in der Bar ab, aber auch die Arbeitssitzungen sind vor seinem Eifer nicht sicher. Er ist insbesondere dazu in der Lage, in Gruppendiskussionen Beispiele zu nennen, die seinem Unternehmen immer irgendwie zum Vorteil gereichen. Wenn andere Kursteilnehmer über ihre Probleme sprechen, weist er ähnlich schnell darauf hin, daß es solche Schwierigkeiten nicht geben könnte, wenn es sich nur um sein eigenes geliebtes Unternehmen handeln würde. Das ruft manchmal schallendes zynisches Gelächter bei denen hervor, die in der jüngsten Vergangenheit mit seiner Firma zu tun hatten.

Aber trotz seiner ständigen Belästigungen ist der Hausierer in der Regel ein äußerst angenehmer Kerl und übertrieben großzügig, ein Wesenszug, der sich in seinen Spesenabrechnungen widerspiegelt. Er ist von Natur aus begeisterungsfähig, was im Management sehr selten vorkommt, und wird von seinen phlegmatischeren Kollegen mit wohlwollender Belustigung angesehen. Er glaubt allen Ernstes, für das beste Unternehmen der Welt zu arbeiten, das die besten Produkte der Welt verkauft. Das Überraschende daran ist, daß er seinen Arbeitsplatz so häufig wechselt; man fragt sich, was es wohl ist, was ihn so leicht desillusioniert (könnte es der Schock sein, wenn sich je ein Kunde beschwert?).

Manchmal gibt es in Managementkursen eine Reihe weiterer Charaktere, die nicht so häufig wie die auftauchen, die hier behandelt wurden. Es gibt zum Beispiel den Speichellecker, der glaubt, daß man einen Bericht über seine Leistung an sein Unternehmen schicken wird, und daher alles in seiner Macht Stehende tut, um sich in die Gunst des Dozenten einzuschleichen. Dann gibt es den Schwänzer, ein Mann, der ständig von einer Reihe kleinerer Wehwehchen heimgesucht wird, was dazu führt, daß er zahlreiche Arbeitssitzungen versäumt, besonders diejenigen, bei denen er an Podiumsdiskussionen teilnehmen sollte. Und es gibt nicht zuletzt den Fanatiker, einen Mann, der einen ingrimmigen Haß pflegt – sei es nun auf den Betriebsrat, Popmusik oder irgend etwas anderes –, und der plötzlich eine wilde Schmährede vom Stapel läßt, die die Diskussion lähmt, bis sich der Sturm gelegt hat.

Was nun die Dozenten betrifft, so lernen sie, Schläge einzustecken, und entwickeln schnell ein dickes Fell. Wenn man seine Gefühle offen zeigt, bedeutet das immerhin, einfach einen Zusammenbruch herauszufordern: Überleben erfordert eine sehr viel klinischere Methode. Und wenn es solche Kurse nicht geben würde, was würden dann die Unternehmen mit all ihren Problem-Managern tun? Nicht einmal Krankenhäuser können diese Art von Therapie leisten.

Kapitel 10
Wie man seinen Boß los wird

Schmeißt den Kerl raus!
Lord Fisher, Brief an *The Times,* 2. September 1919

Allgemein gesagt ist das Feuern von Führungskräften schlecht fürs Geschäft. Es schafft nicht nur Unsicherheit, es führt auch ausnahmslos dazu, daß das Unternehmen auf dem freien Markt Sonderpreise zahlen muß, um für die Gegangenen Ersatz zu beschaffen. Selbst wo Nachfolger innerhalb der Organisation zur Verfügung stehen, werden sich die neuen Männer wahrscheinlich eher vorsichtig verhalten, als daß sie Elan entwickeln. Wenn die Axt erst einmal geschwungen wurde, verblaßt die Erinnerung daran nur langsam.

Das soll nicht heißen, daß Männer mit schlechten Leistungen niemals von ihren Posten entfernt werden sollten: Das muß in der Tat geschehen - oder die Gewinne bröckeln ab. Aber zur allgemeinen Überraschung scheinen sich einige Unternehmen in vollkommener Unkenntnis darüber zu befinden, wie viele Methoden man einsetzen kann, um entweder den freiwilligen Rücktritt eines leitenden Mitarbeiters herbeizuführen oder ihn auf einem weniger verantwortungsvollen

Posten weiter zu beschäftigen. Hier sind einige, die ihren Wert unter Beweis gestellt haben.

Nacht-und-Nebel-Aktion

Diese Methode basiert auf dem Prinzip, die Postenjägerei für sich arbeiten zu lassen. Da die meisten Führungskräfte ehrgeizig sind, fällt es ihnen schwer, ein Beförderungsangebot abzuschlagen, besonders wenn es mit Beiwerk wie einem größeren Auto, einem größeren Büro und dem Recht zur Einstellung eines persönliches Assistenten verbunden ist.

Ein Vorgehen dieser Art erfordert peinlich genaue Planung. Erstens muß der neue Posten sorgfältig von allen Tätigkeitsmerkmalen befreit werden, die die Geschäftserfolge des Unternehmens beeinträchtigen könnten. Als nächstes muß die Ernennung in einer Art angekündigt werden, die jeden Verdacht auf seiten des Mitarbeiters beschwichtigt, daß er vielleicht eher für Versagen bestraft als für Erfolg belohnt wird. Das läßt sich in der Regel durch ein lyrisch formuliertes Rundschreiben der Unternehmensführung erreichen. Um die Sache noch glaubwürdiger zu machen, wird manchmal eine Fotografie des beförderten Mitarbeiters, die ihn bei der Arbeit am Schreibtisch zeigt, in der betriebseigenen Zeitschrift veröffentlicht.

Solche Ehrungen sind natürlich strikt auf die höheren und beliebten Führungskräfte beschränkt, deren Versetzung eine Bedrohung der Arbeitsmoral darstellen könnte, wenn sie nicht näher erklärt wird.

Ego-Trip

Unterschätzen sie niemals die Macht der menschlichen Eitelkeit: Recht selten ist der leitende Angestellte, der der Rolle des Betriebs-Guru widerstehen kann, wie wenig auch immer man seinen Rat beachten mag.

So manche gescheiterte Führungskraft hat vor Freude geweint, wenn sie in ein offenkundig stagnierendes Gewässer im Unternehmen gelotst und mit einem Titel wie etwa »interner Berater« oder »Gruppenkoordinator« versehen wurde. Die Tatsache, daß ihn niemand konsultiert oder daß er nichts zu koordinieren hat, ist für ihn irrelevant: Wichtig ist, daß das Unternehmen seine staatsmännische Klugheit und seine Fähigkeit, objektiven Rat zu erteilen, anerkannt hat. Ein höherer Angestellter der Personalverwaltung, der unmittelbar für einen verheerenden Streik verantwortlich gewesen und daraufhin zum »Gruppenberater in Gewerkschaftsfragen« ernannt worden war, erzählte mir, daß er sich selbst als das »Gewissen des Unternehmens« betrachtete. Solche Männer haben eine unendliche Fähigkeit zur Selbsttäuschung, und wenn man ihnen die Möglichkeit dazu läßt, werden sie ihre Fehler im Betrieb eiligst in Vergessenheit geraten lassen. Verantwortung wie Schönheit leben vom Bewußtsein derer, die sie haben.

Kursroulette

Führen Sie das folgende Experiment durch: Jedesmal, wenn einer Ihrer Untergebenen an einem externen Schulungskurs teilnimmt, bitten Sie ihn um eine Kopie der Liste der Kursteilnehmer. Prüfen Sie am Ende eines Jahres diese Listen und schreiben Sie alle Namen auf, die mehr als viermal auftauchen.

Diese Leute sind die Betriebsbeduinen, das unternehmerische Gegenstück zu den Nomaden Arabiens. Da sie von ihren Unternehmen beauftragt wurden, neue Methoden und Techniken zu beurteilen (ihre Berichte werden in der Regel ungelesen zu den Akten genommen), ziehen sie von Kurs zu Kurs, wo sie mit aller Liebenswürdigkeit etwas Staub aufwirbeln und pflichtschuldig die gleichen zwei oder drei Fragen stellen. Sie bilden eine Art harten Kern von Unterbeschäftigten, die in der komfortablen Umgebung von Drei-Sterne-Hotels zu einem Leben als ewiger Student verurteilt sind.

Selten sind sie lange genug in ihrem Büro, um irgendwelche Veränderungen zu verhindern, die in ihrer Abwesenheit in Angriff genommen werden. Wenn aber eine größere Neuorganisation bevorsteht, werden solche Männer oft ins vorübergehende Exil in eine der europäischen Managementschulen geschickt. Da ihr Arbeitsplatz zu dem Zeitpunkt, zu dem sie zurückkommen, in der Regel radikalen Eingriffen unterworfen worden ist, haben sie bei der Anwendung dessen, was sie gelernt haben, meistens mit überdurchschnittlichen Frustrationen fertig zu werden.

Des weißen Mannes Grab

Die riesigen internationalen Unternehmen haben seit langem die Gewohnheit angenommen, ihre überseeischen Tochtergesellschaften für den gelegentlichen Export überschüssiger Führungskräfte zu gebrauchen. In der Tat wird in manchen Unternehmen die internationale Abteilung als eine Art Strafbataillon für Widerspenstige im heimatlichen Einsatz angesehen.

Für den Fall, daß die Organisation in der Bundesrepublik

genügend verstreut ist, ist es nicht notwendig, Überseeinteressen zu haben, um diese Methode anzuwenden: Ein Büro in Kassel ist dafür genausogut geeignet wie eine Raffinerie in Ingolstadt. Mit der Kooperation einer gut ausgebildeten Sekretärin, auf die man sich so weit verlassen kann, daß sie jede von dem ins Exil geschickten Angestellten ausgehende Kommunikation - natürlich mit der Ausnahme seines Kündigungsschreibens - verlegt, gibt es überhaupt keinen Grund dafür, daß er jemals wieder in Erscheinung treten sollte.

Zum Glück werden die meisten dieser in der Ferne lebenden und auf die Heimat angewiesenen Männer bei Gelegenheit zu Einheimischen und in ihren lokalen Gemeinden zu geachteten Persönlichkeiten.

Tiefgefrieren

Die meisten leitenden Mitarbeiter versuchen, mit ihren Vorgesetzten und Kollegen freundschaftliche Beziehungen aufrechtzuerhalten: Derartige Kontakte bilden einen Teil des »psychischen Einkommens« ihrer Arbeit. Berauben Sie einen Mitarbeiter dieser menschlichen Befriedigung, und seine Leistung wird ausnahmslos darunter leiden.

Tiefgefrieren ist eine Methode, die auf den betroffenen Mitarbeiter eine mehr akkumulative als unmittelbare Wirkung hat. Es mag damit beginnen, daß man seinen Namen scheinbar zufällig aus dem Verteiler auf allgemeinen Rundschreiben und Memoranden herausläßt. Allmählich steigert sich das Tempo. Sitzungen, an denen teilzunehmen man ihn normalerweise einladen würde, werden in seiner Abwesenheit durchgeführt; allmählich findet er nur schwierig Zugang zu seinem Vorgesetzten; die Unterhaltung bricht ab, wenn er sich beim

Mittagessen zu seinen Kollegen setzt; seine Mitarbeiter scheinen verwirrt und in schlechter Stimmung zu sein; die Sekretärin seines Vorgesetzten wird ausgesprochen barsch.

Der zermalmende Schlag kommt schnell, in der Regel an dem Zeitpunkt, zu dem er eine Gehaltserhöhung erwartet. In der kritischen Atmosphäre eines »Beurteilungsgespräches« erfährt er, daß es ihm an Initiative, an Antrieb, an Kreativität und an Führungsverhalten mangelt – daß er in Wirklichkeit Glück gehabt hat, in den letzten dreiundzwanzig Jahren seinen Platz auf der Gehaltsliste behalten zu haben. Er sollte sich, so legt man ihm nahe, um eine anderweitige Beschäftigung bemühen.

Schnellkochtopf

Diese Methode wird oft angewendet, um sich von mittleren Führungskräften zu befreien, die voraussichtlich mit der Entwicklung ihrer Aufgaben nicht Schritt halten können. Unter dem Deckmantel der Delegation von mehr Verantwortung zur Förderung seines Untergebenen entfesselt der Vorgesetzte einen wahren Sturm neuer Aufgaben, die der Mann zusätzlich zu seinen normalen Pflichten zu erfüllen hat. Gleichzeitig wird eine Reihe neuer Kontrollverfahren eingeführt, was zu einer wesentlichen Steigerung sowohl des Umfangs wie der Länge seiner schriftlichen Berichte führt.

Sollte der Angestellte diesem Angriff erfolgreich trotzen, gibt es andere Tricks, die man anwenden kann und die alle unter dem Vorwand erfolgen, seine Erfahrung zu erweitern. Er könnte im Turnus durch eine Reihe von Arbeitsplätzen, von denen keiner die geringste Anziehungskraft auf ihn hat, oder in andere Abteilungen oder Standorte geschickt werden; man kann ihn auffordern, an umfangreichen »potentiellen Beurteilungsverfahren« teilzunehmen, zu denen rigorose psychologische Tests und langwierige Sitzungen mit dem Betriebspsychologen gehören; oder er kann für spezielle Repetitorien einem oder mehreren Führungskräften zugewiesen werden, mit denen er, wie allgemein bekannt ist, keinen freundschaftlichen Umgang hat.

Während er zur Fortbildung weg ist, wird sein Arbeitsplatz natürlich besetzt, und bei seiner Rückkehr hat er kaum eine andere Wahl, als das Angebot der Versetzung auf eine Nebenstelle anzunehmen.

Ein letztes *caveat.* In jeder Organisation gibt es einen Mann, auf den keine dieser Methoden irgendwelche Wirkung haben wird, den Generaldirektor. Ihn aus dem Amt zu entfernen, erfordert Geschosse von sehr viel größerem Kaliber und eine ganz besondere Treffsicherheit, die äußerst selten ist. Aber ehrgeizige Führungskräfte brauchen nicht zu verzweifeln, denn unter dem Stuhl eines jeden Generaldirektors tickt eine immer vorhandene Zeitbombe: die Renditeverantwortung.

Seien Sie auf seinen Mercedes oder seinen livrierten Chauffeur nicht neidisch. Wenn Sie so weit nach oben gekommen sind, kann es nur noch abwärts gehen.

Kapitel 11
Zurück in den Dschungel

Ich glaube, ich könnte hingehen und mit den Tieren leben, sie sind so still und beschlossen in sich.
Walt Whitman, *Song of Myself*

In vielen Artikeln und Diskussionen über die Wirtschaft werden Führungskräfte als Teilnehmer einer Postenjagd oder als Räuberbanden dargestellt, die im »Dschungel der Unternehmensführung« hausen. Immer wieder sagt man uns, daß Erfolg eine Frage des »Überlebens des Stärkeren« ist und daß die Erfolgreichen sich den Weg an die Spitze »mit Klauen und Zähnen« erkämpfen. Ungeachtet dessen, ob solche Kommentare gerechtfertigt sind, gibt es in der Tat einige auffällige Ähnlichkeiten zwischen dem Leben im Dschungel und der Welt der Wirtschaft. Hier sind Beispiele für tierische Verhaltensstrukturen, die auf der Chefetage keineswegs unbekannt sind.

Der Löwe

Fraglos das königlichste Tier ist der Löwe, der dynamische Generaldirektor des Dschungels. Wenn er brüllt, zittert der ganze Wald, und selbst die mächtigeren Raubtiere ducken sich in ihren Verstecken. In unseren Zeiten wird er fast jedes Tier angreifen, besonders die etwas langsamer reagierenden Geschöpfe, die seine gefährliche Stimmung noch nicht gewittert haben.

Man weiß nicht genau, was diese Wutanfälle verursacht. Manche sagen, daß er an chronischer Verstopfung leidet, andere, daß er von einem Machtkomplex getrieben wird. Wenn man vom Verhalten seines menschlichen Gegenstücks ausgeht, ist es wahrscheinlicher, daß es eine Mischung aus beidem ist.

Vor der Höhle des Löwen liegt seine treue Gefährtin. Ihre Aufgabe, wie die der Sekretärin des Generaldirektors, ist es, womöglich unwillkommene Besucher abzuwimmeln und über die Ungestörtheit des Mittagsschläfchens zu wachen. Auch wenn sie manchmal etliche Jahre auf dem Buckel zu haben scheint, ist sie trotzdem mit ihren messerscharfen Krallen und ihrer scharfen verletzenden Zunge ein bedrohlicher Gegner.

Wenn sie sich dem hohen Alter nähert, muß man leider berichten, daß sie oft von einer jüngeren Löwin ersetzt wird, die gegenüber den kleineren Arten zuerst mehr Duldsamkeit an den Tag legen mag. Aber mit der Zeit kehrt sie zum charakteristischen Verhalten der Gattung zurück und wird ebenso herrisch wie ihre Vorgängerin.

Der Gorilla

Ein tobender Gorilla ist wie ein wütender Verkaufsleiter. Mit funkelnden Augen und bebenden Nüstern knirscht er mit den Zähnen, wenn er besonders frustriert ist, und trommelt sich auf die Brust, um seine Autorität zu betonen. Für ein derart großes Tier bewegt er sich überraschend schnell, wobei er die offiziellen Dschungelpfade verachtet und es vorzieht, unerwartet durch das Unterholz zu brechen.

Wenn er nicht von anderen Tieren in Wut versetzt wird, kann er ausgelassen, gut gelaunt und äußerst gesellig sein. Er liebt es, sich mit seinen Gorillagenossen zu tummeln, und manchmal dauern diese Lustbarkeiten bis tief in die Nacht hinein. Nach dem Lärm zu schließen, haben sie ungeheuren Spaß, auch wenn empfindsamere Kreaturen nur schwer einschlafen können.

Trotz seiner abstoßenden äußeren Erscheinung ist der Gorilla nicht annähernd so wild, wie er zunächst erscheint. Er ist ein ausgezeichneter, wenn auch autoritärer Ehemann und Vater und kann für ein derart mächtiges Tier erstaunlich freundlich sein. Er ist ein herzhafter Esser und wird auf der Suche nach Nahrung oft weit umherstreifen. Manchmal wird er mehrere Tage abwesend sein, aber seiner Gefährtin und seinem Nachwuchs in der Regel Leckerbissen mitbringen. Sie mögen eine Art von Friedensangebot sein, denn während er weg ist, müssen sie sich alleine durchschlagen.

So wie viele Verkaufsleiter es lieben, einen Golfschläger zu schwingen, liebt es auch der Gorilla, sich von Baum zu Baum zu schwingen. Es gibt keinen Beweis dafür, daß das irgendeine Bedeutung im Konkurrenzkampf hat, aber es scheint eine beruhigende Wirkung auszuüben.

Der Schimpanse

Mit seinem unaufhörlichen Geplapper und seiner Vorliebe für das Rampenlicht ist der Schimpanse der Public-Relations-

Chef des Dschungels - immer dazu bereit, seine amüsanten Tricks vorzuführen, und leicht zu erkennen an seinem schrillen Gekreische. Bei Tageslicht klettert er unaufhörlich, und selbst nach dem Dunkelwerden ist er manchmal aktiv. Aber trotz seines Lärmens ist er ein friedliches Tier, dem Konfrontationen jeder Art mißfallen.

Wie der Public-Relations-Chef liebt er es, beachtet zu werden, und kann recht gereizt werden, wenn man ihn fortgesetzt ignoriert. Seine Art, auf und ab zu springen, um Aufmerksamkeit zu erregen, ist in der Regel ein Anzeichen wachsender Ungeduld, besonders wenn das mit einer mürrischen Grimasse verbunden ist. Zum Glück dauern derartige Anfälle selten lange, und bald ist er wieder der alte Clown. Das ist auch richtig so, denn wie jeder Public-Relations-Chef weiß, ist es nur zu leicht, ein Image zu zerstören.

Wegen seiner Fähigkeit, bestimmte menschliche Funktionen nachzuahmen, wird der Schimpanse für höchst intelligent gehalten, aber es gibt Anzeichen, die vermuten lassen, daß er überschätzt wird. Er ist ganz sicher ein ausgezeichneter zoologischer Schausteller und weiß mit den Gefühlen des Publikums umzugehen. Dennoch muß man sich fragen, ob seine fortdauernde Heiterkeit gelegentlich nicht etwas gezwungen ist. Immerhin ist, wie bei einigen menschlichen Wesen, auch ein Grinsen von einem Ohr zum anderen kein Beweis guter Laune. Es kann ebensogut gähnende Leere im Kopf verbergen.

Das Rhinozeros

Leicht kurzsichtig und noch leichter zu reizen, gleicht das Rhinozeros einem unter Druck stehenden Produktionsleiter.

Es kommuniziert durch eine Reihe kurzer, durchdringender Grunzlaute, die kleinere Tiere als äußerst furchterregend empfinden, obwohl zu bezweifeln ist, daß es ihnen irgend etwas wirklich Böses antun will.

Obwohl es von Natur aus plump ist, kann es, wenn sich die Notwendigkeit dafür ergibt, wie ein Blitz vorwärts schießen, und wenn es erst einmal in seinen schlenkernden Trab gefallen ist, wird sich ihm nur das dickköpfigste Tier in den Weg stellen. Ein angreifendes Rhinozeros ist wie ein wütender Werksleiter praktisch nicht aufzuhalten, und solange diese Anfälle andauern, ist es am besten, in Deckung zu gehen. Vor Wut schnaubend wird es fast jedes Hindernis durchbrechen, aber da es ein dickes Fell und wenig Einfühlungsvermögen hat, wird es wahrscheinlich keinerlei Schmerz dabei empfinden.

Das Rhinozeros kompensiert seine Kurzsichtigkeit durch sein scharfes Gehör und fängt ununterbrochen Botschaften aus dem Dschungeltelegraphen auf. Diese mögen es manchmal dazu veranlassen, sich irrational zu verhalten und gelegentlich unnötig in Panik zu geraten. Da es anderen Tieren von Natur aus mißtraut, fristet es ein etwas einsames Dasein und bevorzugt die Gesellschaft seiner Rhinozeros-Genossen. Das sind die einzigen Geschöpfe, mit denen es anscheinend auskommen kann.

Der Geier

Mit seinem scharfen Auge für Details und seiner kläglichen Erscheinung ist der Geier der Rechnungsführer der Tierwelt. Von Natur aus fühlt er sich vom Mißgeschick anderer Tiere angezogen und ist immer zur Stelle, wenn sich Tragödien ereignen, auch wenn er sich gerne so lange im Hintergrund herumdrückt, bis klar ist, daß alle Hoffnung verloren ist.

Wie der Rechnungsführer empfindet der Geier tiefen Abscheu vor jeder Form von Verschwendung, auch wenn er mit etwas extremen Methoden darauf reagiert. Auch verfügt er über die Fähigkeit des Rechnungsführers, drohende Katastrophen zu spüren und selbst die banalsten Diskrepanzen im Verhalten eines Tieres ausfindig zu machen. Wenn er sich von oben auf seine leblose Beute herabstürzt, folgen andere Geier seinem Beispiel und kommen aus dem ganzen Umkreis zusammen, um beim Fest dabeizusein.

Trotz seines abstoßenden Äußeren und seines Mangels an Charme erfüllt der Geier immerhin eine lebenswichtige Funktion, indem er den Dschungel einigermaßen sauber hält. Ohne seinen immerwährenden Kampf gegen die Verschwendung würden in der Tat mehr Tiere dieser Krankheit anheimfallen. Wie der Rechnungsführer hat er eine undankbare Aufgabe übernommen und ist bei anderen Tieren ausnahmslos unbeliebt. Er erträgt das alles mit der bei ihm üblichen Standhaftigkeit – von einem gelegentlichen wütenden Gekreische abgesehen.

Die Giraffe

In vielen großen Konzernen gibt es Männer von Format, deren Aufgabe es ist, in die Zunkunft zu sehen. In menschlichen Organisationen sind sie als Betriebsplaner bekannt. Ihr Gegenstück unter den Tieren ist die über alles erhabene Giraffe.

Die Giraffe ist ein scheues Tier, das sich gerne abseits der großen Masse hält. Da sie von Natur aus ruhig veranlagt ist, geht sie den lauteren Extrovertierten lieber aus dem Weg, vor allem dem ewig plappernden Schimpansen und dem mächtigen Gorilla mit seinem tiefkehligen Gebrüll. Wenn sie träumend in die Ferne blickt, meint man, sie könnte versuchen, die Zukunft zu entdecken - leider mit nicht mehr Erfolg als die meisten Betriebsplaner.

Wenn wirkliche oder eingebildete Gefahren drohen, erwacht sie sofort, ergreift eilig Maßnahmen und ist für ein so plumpes Tier erstaunlich behend. Ihre Warnungen werden von den anderen Tieren unglücklicherweise oft nicht zur Kenntnis genommen, die friedlich weitergrasen, bis die Katastrophe hereinbricht. Wie der Betriebsplaner verharrt sie die meiste Zeit mit ausgestrecktem Hals, eine Haltung, die sie gefährlich exponiert. Sie ist besonders durch Angriffe des Löwen leicht zu verletzen, für den sie im allgemeinen eine leichte Beute ist.

Der Schakal

Als einer der verschlagensten Bewohner des Königreichs der Tiere hat der Schakal viel mit dem Personalchef gemeinsam. Da ihm die Körperkräfte des Löwen oder des Gorilla fehlen, muß er sich gezwungenermaßen auf seine angeborene Hinterlistigkeit und seinen unfehlbaren Instinkt für die wichtigsten eigenen Interessen verlassen.

Es gibt wenig im Dschungel, was ihm, dem schnell und lautlos Herumstreifenden, entgehen würde. Während er sich heftig verteidigen wird, wenn ihm der Fluchtweg versperrt ist, arbeitet er im allgemeinen lieber im verborgenen und wird selten ein Tier angreifen, daß größer ist als er. Er begegnet dem Löwen mit ausgesuchter Ehrerbietung und hat auch vor dem Elefanten gesunden Respekt. Aus der Einsicht heraus, daß er keinen von beiden in offener Schlacht vernichten kann, konzentriert er seine Bemühungen auf den Versuch, sie zu überlisten, und hat dabei oft beträchtlichen Erfolg.

So wie der Personalchef das Vertrauen des Generaldirektors gewinnen muß, versucht auch der Schakal, sich in die Gunst der größeren Raubtiere zu setzen. Er ist sich nicht zu schade, für den Löwen ein wenig auf Nahrungssuche zu gehen und seinem Herrn Leckerbissen zum Fraße vorzuwerfen. Einige Sachkenner glauben, daß er als eine Art Spion tätig ist, der die Bewegungen der anderen Tiere im Auge behält und seinen Beschützer ständig auf dem laufenden hält.

Der Elefant

Mit seiner natürlichen Würde und seinen beeindruckenden Ausmaßen ist der Elefant der Vorsitzende der Tierwelt. Selbst der edle Löwe muß sich vor seiner Majestät beugen, und für die anderen Tiere ist er eine Art Vaterfigur, die man ungeheuer achtet, wenn auch selten sieht.

Wie viele Vorsitzende ist der Elefant in seinen Körperbewegungen sehr gemächlich. Er liebt es, am Nachmittag zu dösen und kann praktisch stundenlang bewegungslos verharren, besonders wenn er eben einen Wasserplatz besucht hat. Es ist unklug, ihn in diesem Dämmerzustand zu stören, da er ausnahmslos schlecht gelaunt und schrullig auf Eindringlinge reagiert und von Zorn und Abwehr hervorgerufene Drohgebärden macht.

Aber im allgemeinen ist der Elefant ein friedliches Tier – verständlich, da er nichts zu fürchten hat. Er hat einen ungeheuren Appetit, aber anders als einigen Vorsitzenden scheinen ihm seine gewaltigen Mahlzeiten keineswegs zu schaden. Trotz der Aura senatorenhafter Ruhe sollte man seine Intelligenz und sein Auffassungsvermögen doch niemals unterschätzen. Denn hinter diesem schläfrigen Äußeren verbirgt sich ein hellwaches Gehirn, wie jeder, der sich Freiheiten herausnimmt, schnell entdecken wird.

Natürlich gibt es einen wichtigen Unterschied zwischen dem Leben im Dschungel und dem in der Chefetage - anders als Führungskräfte kennen Tiere ihren Platz. Kein Geier kann hoffen, den Platz des Löwen einzunehmen, noch braucht der Elefant die Giraffe zu fürchten. Wie anders ist das im Leben einiger großer Betriebe, wo niemand vor dem Dolch des Mörders sicher ist und sogar ein Büroangestellter von kommender Größe träumen mag. Aber ist es nicht aufregend, solche Möglichkeiten zu haben? Wie *können* diese Tiere nur so blöd sein?

Kapitel 12
Bemüht sich sehr, könnte Besseres leisten

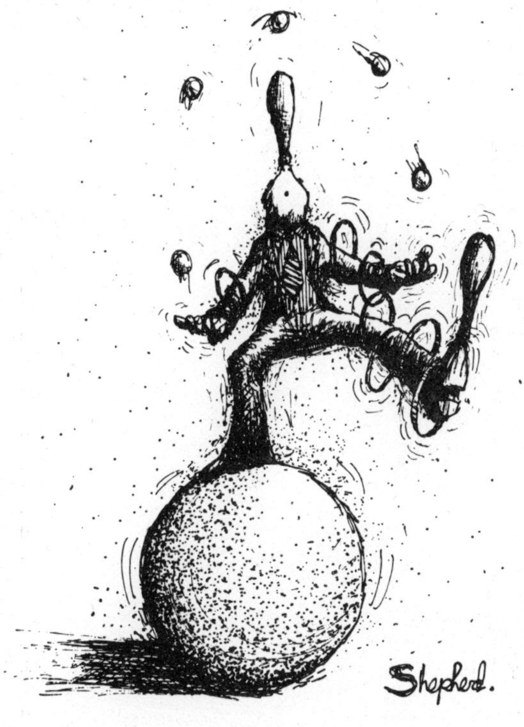

Würde jeder so behandelt wie er es verdient, könnte nur noch gepeitscht werden?
Shakespeare, *Hamlet,* Akt II, Szene 2

Während ein Mann darum kämpft, auf der Berufsleiter nach oben zu kommen, wird seine Leistung ausnahmslos genauestens beobachtet, und man vollzieht Bewertungen seiner Stärken und Schwächen. Die meisten Unternehmen arbeiten jetzt mit formellen Bewertungsbögen, die einen Bericht über individuelle Fortschritte liefern und oft Beförderungsentscheidungen beeinflussen. Leider sind einige der angewendeten Methoden etwa so treffsicher wie ein alter Schießprügel. Anstatt einen Mann zur Leistungssteigerung anzuspornen, führen sie lediglich dazu, ihn zu demotivieren.

Das Instinkt-System

Die meisten Manager halten sich für gute Menschenkenner, und manche scheinen zu glauben, daß sie über metaphysische Kräfte verfügen. Solche Männer sind beim Vorstellungsgespräch in ihrem Element, das ein ideales Forum für ihre zweifelhaften Talente darstellt. Bei diesen hellsehenden Managern muß man sich vor allem vor Augen halten, daß ihre Urteile nichts mit Logik oder Vernunft zu tun haben. Sie arbeiten vollkommen mit instinktiven Reaktionen, und wenn ihnen ein Gesicht nicht paßt, ist man von Anfang an abgeurteilt.

Wahrscheinlich wird hier keinerlei Training in der Kunst der Gesprächsführung auch nur den geringsten Erfolg haben. Wenn man glaubt, einen Mann einschätzen zu können, »wenn er nur zur Tür hereinkommt«, sind derartige neumodische Methoden doch nur Zeitverschwendung. Als eine Geste des guten Willens mag man dem Bewerber wohl ein paar stereotype Fragen, in der Regel über seine sportlichen Interessen, stellen. Aber man wird keinen Versuch unternehmen, nach seinen Fähigkeiten zu forschen. Die Würfel sind in den ersten zwei Minuten gefallen.

Natürlich gibt es keinerlei Folgerichtigkeit in den Vorurteilen solcher Männer. Manche glauben, daß rote Haare mit schlechtem Charakter gleichzusetzen sind und Männer von kleiner Statur zu Aggressivität neigen. Andere behaupten, daß ein schwacher Händedruck Mangel an Charakter bedeutet und eng zusammenstehende Augen ein Zeichen für Unaufrichtigkeit sind. Es gibt eigentlich kaum ein menschliches Merkmal, ob nun physischer oder verbaler Art, für das sich nicht irgendeine folkloristische Deutung finden ließe. Mit diesen Männern über die Leistungsfähigkeit eines Bewerbers zu sprechen, kommt der Teilnahme an einem abwegigen Psychologiekurs gleich, in dem es an Stelle von Fakten von wilden Spekulationen wimmelt.

Natürlich leidet der Betrieb darunter. Nach und nach werden ganze Abteilungen von Männern übernommen, die ein Abklatsch ihrer Vorgänger sind. Nicht nur daß diese Männer gleich aussehen und sich gleich kleiden - sie denken auch gleich. Die Folge davon ist, daß radikale neue Gedanken in den Untergrund gedrängt werden und das Unternehmen aus Mangel an Ideen allmählich ins Schlingern gerät. Die wenigen Individualisten, die noch übrigbleiben, werden sich bald bewußt, daß sie sich anpassen oder untergehen müssen. »Es tut mir leid, mein Junge, aber Sie sind nicht unser Typ«, hat für so manche vielversprechende Führungskraft das Grabgeläute eingeleitet.

Das Supermann-Syndrom

Eine der gängigsten Methoden zur Bewertung einer Führungskraft ist es, sie an einer Reihe von Persönlichkeitsmerkmalen zu messen, die von »Aufrichtigkeit«, »Integrität«, »Zuverlässigkeit« und »Vertrauenswürdigkeit« bis zum bekannten Duo »Dynamik« und »Energie« reichen. Natürlich gibt es keine objektive Methode, diese Wesensmerkmale zu messen, aber das schreckt den Amateurpsychologen nicht ab - er findet echtes Vergnügen daran, den lieben Herrgott zu spielen.

Diese Suche nach dem idealen »Management-Profil« hat mehr als jeder andere einzelne Faktor zur Diskreditierung der Leistungsbewertung beigetragen. Es hat dem eifersüchtigen Vorgesetzten ein hübsch verpacktes Paket schmutziger Tricks in die Hand gegeben, mit denen er sich gegen einen brillanteren Untergebenen schützen kann. Er kann zum Beispiel dadurch, daß er einen »Aufsteiger« bewußt mit Arbeit überhäuft, praktisch sicherstellen, daß der Mann versagen wird. Er kann dann über dessen »Mangel an Energie« berichten und ähnliche Vorbehalte über dessen Eignung zur Beförderung äußern.

Ein weiterer schwerwiegender Nachteil dieses Systems besteht darin, daß man unmöglich irgendwelche allgemeinen Standards anwenden kann. Ein Mann mag als »eigensinnig« oder als »entschlossen« eingestuft werden, je nach dem, ob man ihn mag; des einen Kollegen Brot ist des anderen Tod. Kein Wunder, daß sich diese Methoden so lange gehalten haben: Sie geben denen, die sie einsetzen, ungeheure Macht. Es ist wie bei der Anwendung von Gesetzen, die niemals genau festgelegt wurden - das Risiko, auf Widerspruch zu stoßen, ist gleich Null.

Persönlichkeitszentrierte Bewertungssysteme haben mit den Phantasiegebilden eines Schuljungen mehr gemeinsam als mit ernsthaften Versuchen, Leistung zu messen. Sie sind ein Rückfall in die Welt des Supermanns, jenes unerschrockenen Helden, der alles kann. Würden sie ernst genommen, müßte man von Führungskräften verlangen, sich wie Heilige zu verhalten. Aber zum Glück kommt es in der Regel zu einem guten Endc; diese Systeme gehen unter dem Gewicht ihrer eigenen Absurdität unter.

Sandkastenspiele

Eine der eher bizarren Bewertungsmethoden ist die »Gruppenauswahl«, wobei Männer, denen man die Befähigung zum Management zutraut, an einer Anzahl von praktischen Übungen unter den kritischen Blicken eines Forums von Führungskräften teilnehmen. Diese Methode wurde von der Industrie dem gehobenen öffentlichen Dienst abgeschaut und belohnt Kommunikationsfähigkeiten, besonders die Gabe, öffentlich zu sprechen. Der starke Typ des Schweigers hat dabei schwerwiegende Nachteile, während der fähige Politiker eigentlich glänzen müßte.

Die Struktur dieser Veranstaltungen ist im wesentlichen immer gleich. Als erstes gibt es die Tests mit Papier und Bleistift, die zur Erforschung der Psyche des einzelnen und zur Erhellung eines jeden ungewöhnlichen und sonderbaren Wesenszugs entworfen wurden. Trotz der Proteste von Betriebspsychologen kann wenig Zweifel daran bestehen, daß es das eigentliche Ziel dieser Tests ist, die Außenseiter und praktisch all diejenigen, die nicht in den Betriebsrahmen passen, auszulesen. Als nächstes kommt die Übung »Führerlose Gruppe« - eine allen offene Diskussion über ein kontroverses Thema, deren Organisation den Teilnehmern selbst obliegt. Hierbei ist das Erfolgsrezept einfach, aber wirksam: Melden Sie sich immer freiwillig zur Diskussionsleitung. Eine derartige Tat hält man für einen Beweis von Initiative und für ein untrügliches Zeichen für »Führungseignung«.

Nach dem Mittagessen hält jeder Teilnehmer eine kurze Rede über ein Thema, das ihm der Programmdirektor zugewiesen hat. Während das für einen wortkargen Menschen eine Qual sein kann, ist es für den ungehemmten Extrovertrierten Himmelsbrot. Hier endlich können sich all die Tricks aus den Rhetorikkursen bezahlt machen: der feste direkte Blick, die bedeutsame Pause und vor allem der die Gefühle ansprechende Abschluß der Rede, der einen spontanen Beifallsausbruch hervorruft. Schließlich gibt es noch die »Posteingangs«-Übung, die das Gefühl des einzelnen für Prioritäten testet, indem sie von ihm verlangt, einen riesigen Papierberg in Angriff zu nehmen. Das wichtigste, was man bei dieser speziellen Übung im Auge behalten muß, ist, daß der Post vom Boß allererste Priorität zu geben ist. Das zeigt, daß Sie erkennen, wer »etwas zu sagen hat«, und angemessene Achtung vor höheren Rängen haben.

Diese Methode der Sandkastenspiele bei der Leistungsbewertung ist in Europa außer in ein paar multinationalen Unternehmen noch recht ungebräuchlich. Trotz der Behauptungen, die über deren Effizienz aufgestellt werden, ist es im Grunde eine Übung im Heucheln, und ihr Wert als Vorhersage ist äußerst suspekt. Sie zeigt sicherlich, wer die Aufgaben lösen kann, aber das ist keine Garantie für Leistung unmittelbar am Arbeitsplatz.

Verschwörung und Intrige

Eine noch ungerechtfertigtere Form der Bewertung ist jenes mysteriöse Ding: der vertrauliche Bericht. Man kann sich kaum ein besseres Mittel vorstellen, leitende Angestellte gründlich zu demotivieren. Es gibt eigentlich nichts, was sich zu seinen Gunsten sagen ließe; er ist ganz einfach das Relikt längst vergangener Zeiten.

Fassen wir die Tatsachen ins Auge. Erstens erlaubt man bei diesem System einem Mann kaum, seinen Bericht zu lesen; man diskutiert ihn womöglich nicht einmal mit ihm. Zweitens ist er, selbst wenn eine solche Diskussion stattfindet, vollkommen davon abhängig, daß sein Vorgesetzter gewillt ist, offen mit ihm über seine Stärken und Schwächen zu reden. Unglücklicherweise finden es viele Bewerter schwierig, aufrichtig zu sein, und umgehen möglichst alle kontroversen Punkte, die wahrscheinlich zu einer erhitzten Auseinandersetzung führen würden. Für den Angestellten gibt es kein Mittel zu wissen, wo er steht, und er kann leicht zu falschen Schlußfolgerungen kommen.

Es gibt auch noch dunklere Punkte. Für einen machiavellistischen Vorgesetzten ist es nur zu leicht, das Fortkommen eines Mannes zu behindern, den er nicht leiden kann oder in dem er eine Bedrohung seiner eigenen Position sieht. Genauso wie Tote nicht mehr reden können, gibt es keine Waffe gegen diese Art von Rufmord, der in solchen geheimen Berichten oft vorgenommen wird. So manches verzerrte »Profil« wurde mit einer raffinierten Kombination von Halbwahrheiten und Gehässigkeit gezeichnet, und als direkte Folge davon ist schon mancher Mann nicht befördert worden. Umgekehrt können diejenigen, die kriechen und keine Gefahr darstellen, durch eine in schmeichelhaften Worten gehaltene Bewertung belohnt werden. Jedenfalls hat der Bewerter nichts zu verlieren. Er ist unter dem Deckmantel der Geheimhaltung praktisch unangreifbar.

Aber selbst wo derartige Faktoren nicht gelten, haben alle schriftlichen Berichtssysteme einen Fehler. Sie setzen das Vorhandensein eines Talents voraus, das im Management nur allzu selten vorkommt: die Fähigkeit, klare, analytische Prosa zu schreiben. Viele Berichte sind so vage und verschwommen, daß sie für die Zwecke der Bewertung praktisch wertlos sind und lediglich den Widerwillen ihrer Autoren gegen derart zeitraubende und lästige Aufgaben widerspiegeln. Und wenn auch viele Leute aus der Personalabteilung diese Perspektive bedauern mögen, sollten sie doch so klug sein, sie als Wirklichkeit zu akzeptieren. Der Verbraucher hat nämlich manchmal recht.

Auf Ehrenwort

In Einklang mit der allgemeinen Betonung der Arbeitnehmermitbestimmung ermuntern viele Firmen ihre Führungskräfte, sich selbst zu bewerten. Anstatt die Urteile des Bosses lediglich passiv zu akzeptieren, wird der Angestellte aufgefordert, selbst einen Überblick über seine Leistungen zu geben und objektiv über seine Erfolge und Mißerfolge zu berichten. Im Vergleich mit den Ungerechtigkeiten des vertraulichen Berichts ist dies eine sehr viel erfrischendere Bewertungsmethode, die oft mit den besten Absichten eingeführt wird. Wie das so oft geschieht, bildet sich leider manchmal eine Kluft zwischen Theorie und Praxis.

Der Haken ist der, daß man von Autokraten nicht erwarten kann, sich wie Demokraten zu verhalten. Wenn das Betriebsklima im Grunde noch autoritär ist, wird man die Selbstbewertung als bedeutungslose Mätzchen ansehen, und ihre Vorteile werden durch Furcht und Mißtrauen aufgehoben. Man kann von Menschen, die daran gewöhnt sind, in einem Betrieb wie im Kreml zu leben, nicht erwarten, daß sie einfach deswegen frei kommunizieren, weil ihre Herren ihre Meinung geändert zu haben scheinen; sie wissen, daß derartige Veränderungen vorübergehender Natur sein können. Deswegen können so viele Selbstbewertungssysteme nicht Fuß fassen: Die Verpackung mag wohl anders sein, aber wie steht es mit dem Produkt?

Selbst in aufgeklärteren Betrieben gibt es noch jede Menge Schwierigkeiten zu überwinden. Tatsache ist, daß viele leitende Angestellte verwirrt vor der Aufgabe stehen, sich selbst zu beurteilen, und sich natürlich davor scheuen, zu deutlich zu sein. Immerhin ist die Grenze zwischen dem Ausdruck des Stolzes auf die eigene Leistung und dem Anschein des Prahlens nur sehr schmal; über persönliche Mißerfolge absolut offen zu sein, erscheint umgekehrt manchen Führungskräften gleichbedeutend mit Selbstmord. Wer weiß, ob nicht solche Dinge zu einem späteren Zeitpunkt als »Beweismittel« benutzt werden? Jeder erfahrene Manager kennt derartige Fälle; man kann ihn kaum tadeln, wenn er der Sache nicht ganz traut.

Doch ist die Selbstbewertung ein Schritt in die richtige Richtung. Ihre Zukunft ist sicherlich glänzender als die des alten, auf den Boß konzentrierten Systems, und sie ist sehr viel leichter mit gegenwärtigen gesellschaftlichen Entwicklungen in Einklang zu bringen. Auf jeden Fall ist es vielleicht gar nicht schlecht, einen Manager aufzufordern, in sich zu gehen. Das ist ein recht guter Test seiner emotionalen Reife.

Der Galgenstrick

In einer vollkommenen Welt müßte jede Führungskraft nach ihren Leistungen beurteilt werden, und alle Beförderungen würden strikt nach Verdienst erfolgen. Diese Idealvorstellungen stehen als Motiv hinter Management by Objectives, der Führung durch Zielvorgabe, die jetzt beherrschenden Einfluß auf die Bewertung der Führungskräfte hat. Und weil derartige Konzepte praktisch unanfechtbar sind und vollkommen mit unserem leistungsorientierten meritokratischen Zeitalter in Einklang stehen, welche Einwände könnte es da gegen ihren Gebrauch geben?

Die Antwort ist vielschichtig. Wie viele Führungskräfte zu ihrem Nachteil festgestellt haben, hängt alles davon ab, wer die Zielvorgaben bestimmt und ob sie realistisch sind oder nicht. Wenn außerdem die Hilfsmittel eines Mannes nicht ausreichen und er nicht die nötige Handlungsbefugnis hat, befindet er sich als Manager wie auf einer Klettertour am Eiger, wo jeder Fehler sein letzter sein könnte. Wenn sich wiederum die Verhältnisse, die er nicht kontrollieren kann, ändern sollten, werden dann seine Zielvorgaben neu bestimmt oder muß er dessenungeachtet in einem hoffnungslosen Versuch, das Unmögliche zu erreichen, weitermachen? Kein Wunder, daß

MBO manchmal als »Galgenstrick« gesehen wird; wenn es ohne Sinn und Verstand angewandt wird, kann es furchtbare Folgen haben.

Ein weiterer gebräuchlicher Einwand gegen dieses System ist der, daß es Berge von Papierkram schafft und Führungskräfte in Bürokraten verwandelt. Man muß der Tatsache ins Auge sehen, daß einige Schüler von MBO mehr Eifer als gesunden Menschenverstand an den Tag gelegt haben, als sie die Manager mit umfangreichen Modellbögen überschütteten, die unnötig komplex und nur in stundenlanger Arbeit zu bewältigen sind. Es ist die uralte Managementgeschichte von den ausgezeichneten Werkzeugen, die durch schlechte Handwerksarbeit zerstört werden. Das Versagen von MBO-Systemen in vielen Betrieben ist oft mehr ein Abbild der Managementpraxis als der inhärenten Schwächen des Systems selbst.

Es gibt Anzeichen dafür, daß MBO jetzt in eine neue und reifere Phase eintritt, nachdem es die Traumata seiner turbulenten Jugend hinter sich gelassen hat. Aber machen Sie sich keine Illusionen: Es ist kein Allheilmittel und kann genauso leicht wie jede andere Methode mißbraucht werden. Doch es weist den Weg in eine bessere Zukunft. Bei den meisten anderen Systemen gibt es keine Zukunft.

Wie man in so undurchsichtigen Zeiten erwarten muß, gibt es eine Reihe von anderen Bewertungskulten, von denen jeder eine ganze Gruppe ergebener Anhänger hat. Da gibt es zum Beispiel Leute, die glauben, daß in der Körperhaltung der Schlüssel zu finden ist und daß sich der Charakter eines Menschen nach seiner Art zu sitzen beurteilen läßt. Dann gibt es da die Handschriftsachverständigen; die, die die Ehefrauen unter die Lupe nehmen; die, die aus Urlaubszielen im Ausland eifrig ihre Schlüsse ziehen; und am exotischsten von allen die Messer-und-Gabel-Brigade, für die die Tischmanieren eines Menschen seine Befähigung enthüllen. Es herrscht in der Tat kein Mangel an Medizinmännern und Zauberern. Man kann nur hoffen, daß die Unternehmen diesen Zauber überleben.

Kapitel 13
Das Gefühl, in der Falle zu sitzen

Süßer Frühling, voller süßer Tage und Rosen,
Eine Schachtel, in der Süßes zusammengedrängt liegt.
George Herbert, *Virtue*

In jeder großen Organisation, ob sie nun öffentlich oder privat ist, gibt es ständige Rivalitäten um Begünstigungen und Beförderungen. Verleumdungen und Fehden sind nicht bloß gelegentliche Erscheinungen; sie sind ein integraler Bestandteil im Leben des organisierten Menschen. Das überrascht kaum, denn wenn Menschen sich für irgendeinen Zweck zusammenschließen, werden sie tatsächlich zu einem *politischen* Körper. Der Einfluß eines Menschen hängt von seiner Manövrierfähigkeit, nicht einfach von seinem fachlichen Können ab.

Eine der eingehendsten Prüfungen des Einfallsreichtums einer Führungskraft findet dann statt, wenn sie feststellt, daß sie in ihrem gegenwärtigen Job mit geringen Aussichten auf weiteres Fortkommen festsitzt. Es mag sein, daß sich ihr Aufgabenbereich nicht mehr erweitert und der Bedarf für ihre Dienste allmählich schwindet. Was noch schlimmer ist: Ihr Boß mag in seinem Betrieb an der Decke angekommen sein und somit den Aufstieg der unter ihm Stehenden blockieren. Die Frage ist: Wie kann sich die Führungskraft befreien und wieder Bewegung in ihre Laufbahn bringen? Zum Glück gibt es eine Reihe nützlicher Methoden, die helfen können, diesen toten Punkt zu überwinden.

Teile und Herrsche

Eines der wenigen Managementprinzipien, das die Industrie praktiziert, ist die Vorstellung, daß keiner mehr als einen Boß haben sollte. »Befehlseinheit« ist ein Konzept, das trotz der Tatsache, daß dieses Rezept zu Stagnation führt, noch in Mode ist. Denn seine Zukunft in die Hand eines einzigen Mannes zu legen, ist, als ob man seine Ersparnisse in einem einzigen Rennen aufs Spiel setzt; das Risiko ist unannehmbar hoch.

Eine ehrgeizige Führungskraft macht einen solchen Fehler nicht. Sie bemüht sich fortwährend um die Ausweitung ihres Verantwortungsbereiches, um von der Unternehmensleitung stärker beachtet zu werden. Sie hält ständig Ausschau nach Aufgaben und Projekten, die es ihr ermöglichen, funktionale Barrieren zu überspringen und mit anderen Führungskräften zusammenzutreffen, die zu beeindrucken sie sich bemüht. Leiter von Personalabteilungen sind besonders gut plaziert, um diese Methode anzuwenden, da sich ihre Aufgaben oft quer durch das Unternehmen erstrecken, wenn sie der Betriebsleitung mit Rat und Sachkenntnis zur Seite stehen. Aus diesem Grund werden so viele Finanzfachleute zu Fachabteilungsleitern; sie schlagen Kapital aus ihren Möglichkeiten, sich zu verkaufen.

Um es offen zu sagen: Sich nur an einen Boß zu binden, ist praktisch ein Anzeichen für untergeordneten Status. Der

Mann, der wirklich etwas erreicht hat, wird wie eine Spinne in seinem Netz von Kontakten in verschiedene Richtungen in die Abteilungen hinein sitzen. Aber um in diesen Bund aufgenommen zu werden, dürfen Sie nicht nur auf Ihrem Spezialfeld etwas können; Sie müssen auch bereit sein, unangenehme Aufgaben zu übernehmen. So manche Führungskraft ist dadurch in den Rang der Prominenten aufgestiegen, daß sie ein relativ banales Problem lösen konnte, das dem Vorsitzenden schon beträchtliche Zeit lang Sorgen gemacht hatte. Wenn sich solche Gelegenheiten bieten, sollten Sie sie entschieden zu Ende führen, denn es gibt keine sicherere Methode, wohlwollende Kommentare für sich zu verbuchen.

Knüpfen Sie Kontakte nach außen

Wenn Sie Ihr Licht unter den Scheffel stellen, werden Sie nie weiterkommen; Sie müssen ständig daran arbeiten, Ihr Image zu verbessern. Um es noch einmal zu sagen: Sie müssen jede Gelegenheit nutzen, im Unternehmen bekannt zu werden, so daß Sie allmählich aus der allgemeinen Herde der Betriebsangehörigen herausragen. Versäumen Sie zum Beispiel nie die Gelegenheit, an einer Betriebskonferenz teilzunehmen, bei der voraussichtlich ranghöhere Manager anwesend sein werden. Solche Sitzungen mögen vom Standpunkt der Arbeit aus unproduktiv sein, aber sie bieten eine glänzende Gelegenheit, sich bekannt zu machen.

Wenn Sie für einen betriebsinternen Fortbildungskurs benannt werden, sollten Sie ebenfalls auf keinen Fall darum ersuchen, wegen Arbeitsüberlastung entschuldigt zu werden. Seien Sie statt dessen ein idealer Kursteilnehmer, der zu jeder Sitzung pünktlich erscheint und sich eifrig an allen Diskussionen beteiligt. Wann immer der Kursleiter einen Freiwilligen sucht, sollten Sie sofort mit selbstkritischer Bescheidenheit zur Stelle sein, und selbst wenn Sie sich blamieren, müssen Sie Ihre Enttäuschung verbergen. Jeder Kursleiter mag jemanden, der nichts unversucht läßt, und da diese Männer in Beförderungssituationen befragt werden könnten, lohnt sich die Mühe, einen guten Eindruck zu machen. Selbstverständlich sollten Sie nie eine Frage stellen, die vor Feindseligkeit nur so strotzt, oder Einstellungen dartun, die als zynisch oder gleichgültig verstanden werden könnten.

Manchmal mag eine Führungskraft, deren Standort weit weg von der Kommandozentrale liegt, sich verständlicherweise im Rennen um die Beförderung benachteiligt fühlen und neurotische Gefühle der Ausbeutung oder Vernachlässigung entwickeln. Dieses Gefühl, in der Falle zu sitzen, wird zu einer nahezu physischen Realität und der Mann mag in sich allmählich einen vergessenen Legionär sehen, der in einem entlegenen Außenposten verrottet. Derartige Einstellungen sind genauso unnötig, wie sie selbstzerstörerisch sind, denn es lassen sich viele Dinge unternehmen, um den Faktor Entfernung zu verkleinern. Je weiter Sie zum Beispiel von der Kommandozentrale des Betriebs entfernt sind, um so wichtiger ist es, daß Sie häufig Berichte mit Kopien für andere »interessierte Abteilungen« (diejenigen Führungskräfte, die Sie gerne beeindrucken möchten) schreiben. Gleichermaßen sollten Sie unbedingt alle Gelegenheiten beim Schopf ergreifen, um die Kommandozentrale besuchen zu können, und Ausreden erfinden, wenn es keine echten Gelegenheiten gibt. Und natürlich werden Sie besonders zuvorkommend sein, wenn Würdenträger aus der Zentrale Ihren Standort besuchen. Wenn Sie eine vorübergehende Mitgliedschaft im lokalen Golfklub arrangieren, ist das ein Trick, der sicherlich Anklang findet.

Sie müssen ganz einfach eine Strategie des Vorwärtskommens haben: Unternehmen helfen denen, die sich selbst helfen. Für die blockierte Führungskraft ist es ein Fall von »im Sturm in den nächstbesten Hafen«; sie muß aus jeder Situation den größten Nutzen ziehen. Diese Gelegenheiten beschränken sich nicht auf geschäftliche Angelegenheiten; einige der ergiebigsten bieten sich außerhalb der Arbeitszeit.

Es versteht sich von selbst, daß praktisch jede Betriebsveranstaltung wie etwa ein Tanzfest oder ein Ausflug Gelegenheiten im Überfluß bietet, wertvolle Kontakte herzustellen. Viele Angestellte in Spitzenpositionen haben nichts lieber, als von einer bewundernden Zuhörerschaft umgeben zu sein, und niemand wird es Ihnen übelnehmen, wenn Sie sich dem Kreis anschließen. Natürlich müssen Sie dezent zurückhaltend sein und dürfen nicht versuchen, auf irgendeine Weise ins Rampenlicht zu geraten. Ihre Aufgabe ist es ganz einfach, als betriebseigener Speichellecker zu fungieren, indem Sie hingerissen auf die blödeste Anekdote reagieren und über den schwachsinnigsten Scherz unbändig lachen. Und nichts hindert Sie daran, ein paar einfache Fragen zu stellen, die zweifellos weitere Reminiszenzen auslösen werden. Der mächtige Mann wird über einen derartigen Beweis Ihres Interesses begeistert sein und könnte beginnen, Sie sich als potentiellen Direktor vorzustellen.

Es überrascht, daß nicht mehr Führungskräfte an Kursen über Regeln des gesellschaftlichen Anstands teilnehmen, da derartige Fertigkeiten bei Betriebsveranstaltungen, besonders solchen mit den Ehefrauen der ranghöchsten Angestellten, dividendenträchtig sein können. Wenige Dinge schmeicheln einer Betriebsmatrone mehr, als wenn ihr ein gepflegter Angestellter mit untadeligen Manieren aufmerksam, obgleich platonisch, den Hof macht. Es ist nicht schwierig, während solcher bescheidenen Begegnungen eine gelegentliche Bemerkung darüber fallenzulassen, daß Sie eine »Herausforderung« brauchen und wie sehr Sie die Arbeit ihres Gatten bewundern. Wenn Sie auch keinerlei dramatische Entwicklungen erwarten sollten, stehen die Chancen nicht schlecht, daß Ihre Bemerkungen wiederholt werden und Ihr Name insgeheim als der eines lohnenden möglichen Kandidaten beachtet wird. Ein Wort zur Warnung. Seien Sie nicht so plump, in den Golfklub Ihres Vorsitzenden einzutreten oder in die Gegend zu ziehen, in der der Generaldirektor wohnt. Derartige Tricks werden nichts zur Förderung Ihrer Berufsaussichten beitragen. Man wird in Ihnen lediglich einen streberhaften jungen Emporkömmling sehen.

Bilden Sie taktische Bündnisse

Wenn Sie sich auf das Personalentwicklungsprogramm des Unternehmens verlassen, um sich aus Ihrer Blockierung zu befreien, werden Sie wahrscheinlich sehr lange warten müssen. Trotz all dieser hübschen bunten »Stellvertretungsdiagramme« und »Nachfolgepläne« vertraut nur ein Einfaltspinsel auf solchen bedeutungslosen Nippes. Sie mögen der ganze Stolz der Personalabeilung sein, aber sie werden in der Regel ignoriert, wenn Entscheidungen gefällt werden.

Seien Sie gescheit - vergessen Sie diesen Plunder und schaffen Sie sich eigene Gelegenheiten. Sehen Sie sich in der Organisation nach Männern um, die klar beförderungsfähig sind, und tun Sie Ihre Bestes, um freundschaftliche Beziehungen mit ihnen herzustellen. Auf diese Weise werden Sie die Reichweite Ihrer Augen und Ohren vervielfachen, so daß Sie vorgewarnt und bereits gewappnet sind, wenn Stellen frei werden. Wenn diese Freundschaften gedeihen, können Sie Ihrer Besorgnis über Ihre Zukunftsaussichten Ausdruck geben und andeuten, daß Sie sich über eine anspruchsvollere Rolle freuen würden. Mit anderen Worten, Sie können vorsichtig, aber wirksam Ihre Verfügbarkeit bekanntmachen - und das ohne all die Aufregung eines Versetzungsantrags.

Wenn Sie natürlich das Glück haben sollten, die Freundschaft eines mächtigen Mannes aus der Unternehmensspitze zu gewinnen, haben Sie eine erstklassige Gelegenheit, sich an die Spitze der Meute zu bringen. Sie sollten aber äußerst besonnen vorgehen, wenn Sie die Beziehung aufrechterhalten, oder sie wird Ihre Zukunftsaussichten negativ beeinflussen. Einen geheimen Gönner zu haben ist etwas Wunderbares, aber wenn Sie mit Ihrer Freundschaft prahlen, wird deren Nutzen sich verflüchtigen. Achten Sie darauf, daß man Sie nicht zu oft in seinem Büro sieht, und widerstehen Sie der Versuchung, ihn zum Mittagessen einzuladen. Solange er weiß, wonach Sie streben, müssen Sie Ihre Ungeduld zügeln und auf den richtigen Augenblick warten.

Freunde in der Wirtschaft zu gewinnen ist eine langfristige Investition, und es mag geraume Zeit dauern, bevor sich die Dividenden auszahlen. Solche Bündnisse können womöglich »im Schlaf für Sie arbeiten« und sollten sorgfältig gepflegt werden, sonst welken sie und sterben ab. Ihr Hauptvorteil ist es, daß sie Ihre Möglichkeiten steigern, indem sie Ihnen Türen öffnen, die Ihnen sonst verschlossen bleiben würden. Eine derartige Hilfe können Sie nicht von Nachfolgetabellen erwarten; das sind Erzeugnisse von Bürokraten, nicht von Unternehmern.

Sich in außerplanmäßige Tätigkeiten zu stürzen kann eine wertvolle Methode sein, Aufmerksamkeit zu erregen, obwohl es für den unvorsichtigen Spekulanten eine Reihe Fallen gibt. Es ist zum Beispiel unklug, zu eng mit einer politischen Partei identifiziert zu werden, da Unternehmen mit allen Arten von Regierungen fertig werden müssen, und wenn Sie zu parteiisch sind, können Sie damit Ihren Berufsaussichten schaden. Der Kernpunkt, den Sie bei Betätigungen außerhalb des Betriebes im Auge behalten sollten, ist, daß sie dem Unternehmen, nicht bloß Ihnen selbst nutzen sollten.

Dabei bleibt Ihnen noch ein weiter Wirkungsbereich. Sie können am Abend für einen populären Wohltätigkeitszweck arbeiten. Werden Sie Mitglied im Kuratorium einer lokalen Schule. Helfen Sie, Geld für ein neues Gebäude in Ihrer Gemeinde zusammenzubringen. Beteiligen Sie sich freiwillig an der Organisation eines Rentnerausflugs. All diese Betätigungen werden ein gutes Licht auf das Unternehmen werfen, von dem man glauben wird, daß es zu verantwortungsbewußtem Bürgerverhalten ermuntert. Und da viele Unternehmen durchaus soziale Verpflichtung empfinden, werden Ihre lobenswerten Bemühungen wahrscheinlich nicht übersehen werden.

Für Wirtschaftszeitschriften zu schreiben ist eine weitere nützliche Methode, bekannt zu werden, solange Sie nicht Konkurrenten irgendwelche Geheimnisse enthüllen. Solche Artikel können einen wertvollen Beitrag zu den Absatzbemühungen leisten und werden von der höheren Betriebsführung sehr geschätzt. Aber hüten Sie sich davor, über recht kontroverse Themen zu schreiben, die zu empörten Briefen an den Herausgeber führen könnten. Wenn Sie einen größeren Skandal verursachen, könnten Sie für Ihr Leben blockiert bleiben, vorausgesetzt, daß man Sie nicht um Ihren Rücktritt bittet.

Eine mögliche Folge dieser außerbetrieblichen Betätigungen könnte es sein, daß Sie ein Angebot von einem anderen Unternehmen erhalten. Selbst wenn Sie nicht die Absicht haben, es anzunehmen, wird Ihnen das eine ausgezeichnete Gelegenheit geben, Ihre Zukunft zu diskutieren. Es ist erstaunlich, wie schnell das Angebot eines Konkurrenten die Aufmerksamkeit auf Ihre »berufliche Entwicklung« konzentrieren wird. Sie können sich jahrelang abrackern und als selbstverständlich hingenommen werden, aber kaum wirbt ein anderes Unternehmen um Ihre Dienste, werden Sie zu einem unentbehrlichen Mitglied der Führungsgruppe. Doch hüten Sie sich davor, mit Ihrem Blatt zu überreizen. Es ist absurd, mit der Waffe zu drohen, wenn man nicht bereit ist, sie zu gebrauchen.

Üben Sie Druck nach oben aus

Eine andere Methode, aus Ihrem Käfig auszubrechen, ist zu beweisen, daß Sie zu einer größeren Aufgabe bereit sind. Aber Leistung allein ist nicht genug; Sie müssen die Voraussetzungen schaffen, die Ihnen das Vorwärtskommen erlauben werden. Machen Sie beispielsweise niemals den Fehler, zu spezialisiert zu werden; Sie würden damit an einem Rennen mit nur einem Pferd teilnehmen. Und wenn der technische Fortschritt Ihren Sachverstand veralten lassen sollte, könnte es Ihnen sehr leicht passieren, daß Sie nichts mehr zu bieten haben.

Also halten Sie nach Gelegenheiten Ausschau, Ihren Horizont zu erweitern. Reden Sie mit Führungskräften aus anderen Arbeitsbereichen und beeindrucken Sie sie mit Ihrer

Lernbereitschaft. Zeigen Sie Interesse an deren alltäglichen Problemen und schmeicheln Sie ihnen mit Ihren respektvollen Fragen. Denken Sie vor allem daran, daß es keine sicherere Methode gibt, sich im Wirtschaftsleben Freunde zu machen, als einen Mann um seinen »offenen Rat« zu bitten. Wenn Sie seinen Rat befolgen, verpflichten Sie ihn damit, Ihnen zu helfen, die erhofften Ergebnisse zu erreichen.

Sie können Ihr Mobilitätspotential auch dadurch steigern, daß Sie für Qualifikationen außerhalb Ihres eigenen Gebietes studieren, etwa für ein Diplom in Marketing, wenn Sie ein Spezialist für Finanzen sind. Natürlich müssen Sie Ihre Bemühungen publik machen, indem Sie die Personalabteilung auf dem laufenden halten und Ihre Studien mit den einschlägigen Spezialisten des Unternehmens diskutieren. Es spricht nichts dafür, unbemerkt zu schuften; Sie müssen bekannt werden lassen, wo Ihre Interessen liegen.

Sie können auch dadurch gewissen Druck von unten schaffen, daß Sie sich fähige Untergebene heranziehen, die Beförderung brauchen – eine beliebte Lehrbuchlösung für diese Probleme. Aber wie die meisten Managementtheorien hat das praktische Nachteile, am meisten dann, wenn der Schüler seinen Meister überrunden kann. Es ist eine Sache, einen Mann aufzubauen, damit er Ihren Platz einnimmt, aber eine ganz andere, ihn über Ihren Kopf hinwegspringen zu sehen. Aber vorausgesetzt Sie achten aufmerksam auf diese potentiellen Gefahren, sollte es durchaus möglich sein, beides in Einklang zu bringen. Wenn Ihr Mitarbeiter dieses Kapitel nicht auch gelesen hat, wird er in Ihnen doch wahrscheinlich einen allmächtigen Schutzherrn sehen, von dessen gnädigem Wohlwollen er vollkommen abhängig ist. Es ist Ihre Aufgabe, dafür zu sorgen, daß er auf seinem Platz bleibt, indem Sie ihm jeden Größenwahn strikt austreiben.

Ein letzter Punkt. Sollte keine dieser Methoden Erfolge zeitigen, dann wären Sie gut beraten, wenn Sie sich woanders eine Stelle suchen. Das Leben ist viel zu kurz dafür, daß Sie Ihre Jahre in schwelender Unzufriedenheit verbringen, und je länger Sie bleiben, um so frustrierter werden Sie. Wenn Sie Ihre Entscheidung außerdem zu lange hinauszögern, werden Sie sich von den Vergünstigungen Ihres Unternehmens so an die Kette gelegt fühlen, daß es zu teuer wird, einen Wechsel in Betracht zu ziehen. Geben Sie Ihr Talent nicht für einen Firmenwagen in Zahlung. Denken Sie daran, daß irgendwo da draußen jemand Sie braucht.

Kapitel 14
Betriebsrituale

Wahre den Schein; das ist der Test.
Die Welt schenkt Dir Glauben für den Rest.
Charles Churchill, *Night*

Jede Organisation hat ihre Rituale, und die Wirtschaft macht hier keine Ausnahme. Genauso wie eine Kirche ihre Feiertage und Feste hat, die die verschiedenen Höhepunkte im Kirchenjahr verdeutlichen, hat ein Betrieb seine Augenblicke für organisierte Freude und Meßfeiern. Auch Einzelpersonen schließen sich manchmal zu eher lokal begrenzten Ritualen zusammen, die ihre Identität als Gruppe hervorheben sollen. Das kann von verschwenderischen Verkaufskonferenzen in Fünf-Sterne-Hotels bis zu einem Umtrunk am Mittag in der Kneipe um die Ecke reichen.

Es besteht kein Zweifel, daß die meisten Angestellten, ungeachtet ihres Status, diese Rituale genießen. Immerhin tragen Sie dazu bei, Barrieren zwischen Abteilungen abzubauen, den Leuten neue Freundschaften zu ermöglichen und wenigstens für ein paar flüchtige Stunden eine Art von Familienatmosphäre zu schaffen, an der es am Arbeitsplatz selbst bitter mangeln kann. Aber nehmen Sie sich in acht;

selbst unter den anscheinend sorglosesten Bedingungen verbergen sich für den unvorsichtigen Angestellten eine Menge Fallen.

Die Weihnachtsfeier

Sie ist häufig das spektakulärste von allen Betriebsritualen und das größte Ereignis im Kalender der geselligen Veranstaltungen. Die Teilnahme ist praktisch für alle höheren Führungskräfte obligatorisch; jeder, der es versäumt, sich zu zeigen, wird als treuloser Drückeberger angesehen. In vielen Betrieben wird die Tatsache, daß ein leitender Angestellter die Weihnachtsfeier versäumt, tatsächlich als todsicherer Beweis dafür angesehen, daß er zu kündigen beabsichtigt. Natürlich gilt das nicht für die, die kürzlich einen Herzanfall erlitten haben oder denen man bereits gesagt hat, daß sie demnächst zum Ausschuß gezählt werden.

Die typische Weihnachtsfeier ist eine Mischung aus echter Ausgelassenheit und falscher Fröhlichkeit. Für Führungskräfte ist es besonders wichtig, daß sie sich zu amüsieren scheinen und daß man das auch sieht, damit nichts die Feststimmung stören kann. Daher lächeln nüchterne Rechnungsführer, berüchtigt für ihre Knauserigkeit, Whisky saufenden Verkäufern nachsichtig zu; Betriebsleiter scherzen mit Marketingleuten; und sogar Personalchefs tauen so weit auf, daß sie mit den Ehefrauen der Nachwuchskräfte tanzen.

Aber trotz aller Vertraulichkeit und dem tollen Gemeinschaftsgefühl sollte eine Führungskraft im Auge behalten, daß sie auch hier ganz und gar im Dienst ist. Wenn sie ihren Drink nicht vertragen oder, was noch schlimmer ist, ihren Mund nicht halten kann, kann das nicht wiedergutzumachenden

Schaden für ihre Beförderung bedeuten. Denn dies ist der falsche Zeitpunkt, seinen Boß um eine Gehaltserhöhung anzugehen oder der Frau des Generaldirektors eine schlüpfrige Geschichte zu erzählen; auch sollte man nicht zu eng mit heiratsfähigen Sekretärinnen tanzen. Aber die größte aller Versuchungen in einer derartig geselligen Atmosphäre ist es, an der Bar »offen« über die Unternehmenspolitk zu reden. So ein Mann kann sich nicht beschweren, wenn ihm das umgehend vergolten wird. Wie jedermann weiß, bringt der Suff die Wahrheit an den Tag.

Amüsieren Sie sich auf jeden Fall, aber bleiben Sie auf der Hut: Tun Sie nichts, was Ihnen als unreifes Verhalten ausgelegt werden könnte. Trinken Sie mäßig, bewegen Sie sich frei von einer Gruppe zur anderen, und bleiben Sie selbst dann ruhig, wenn Ihnen ein betrunkener Büroneuling Cola mit Rum über den geliehenen Abendanzug schüttet. Anzüge kann man reinigen lassen, den Ruf aber nicht. Und es ist doch Saison für Gefälligkeiten und Entgegenkommen.

Der Betriebsausflug

Viele Betriebe ermuntern ihre Angestellten, gesellige Klubs zu bilden, die ein weites Spektrum von Freizeitbeschäftigungen anbieten, die von Ausflügen ins Theater, Konzert und zum Pferderennen bis zu gelegentlichen Wochenenden an der Costa Brava reichen. Diese Ausflüge werden in der Betriebszeitung in der Regel wohlwollend behandelt, wobei den Berichten Fotografien von Klubmitgliedern mit glasigen Augen in verschiedenen Stadien der Alkoholisierung beigefügt werden.

Interessant an diesen Ereignissen ist, daß Vertreter der

höheren Unternehmensführung selten an ihnen teilnehmen, die in ihnen »Brot und Spiele« für die unteren Ränge sehen. Das kann kaum überraschen, da die Atmosphäre bei diesen Ausflügen überwiegend demokratisch ist: Dieses eine Mal ist jeder Knecht so viel wert wie sein Herr - und er zögert nicht, ihn das auch wissen zu lassen. Für eine statusbewußte höhere Führungskraft kann es kaum eine qualvollere Erfahrung geben, als sich um zwei Uhr morgens in einem Bus zu befinden, von einem lärmenden Trinkgelage und klirrenden Flaschen umgeben - besonders wenn er auf den letzten Bänken des Busses, dem traditionellen Platz für aufdringliche Amouren, sitzt.

Trotzdem sind diese Ausflüge nach wir vor bei den Angestellten äußerst beliebt, da sie die seltene Gelegenheit bieten, sich aus der Zwangsjacke formeller innerbetrieblicher Beziehungen zu befreien. Sie sind auch der Ursprung recht anschaulicher Klatschereien, die die Langeweile täglicher Routine abzuwehren helfen und einen Hauch Exotik in die Eintönigkeit des Lebens bringen. Vom Standpunkt des Unternehmens aus leisten sie einen nützlichen Beitrag zum innerbetrieblichen »Gemeinschaftsgefühl«; was noch wichtiger ist, sie können als Ventil für Energien dienen, die ansonsten zu eher subversiven Betätigungen führen könnten. Es ist kein Zufall, daß einige der erfolgreichsten geselligen Klubs in gewerkschaftlich nicht organisierten Unternehmen bestehen, die sie als wertvolle Schutzmaßnahmen gegen Arbeitnehmermilitanz ansehen. Wie das so oft in der Wirtschaft geschieht, verbergen sich also hinter einfachen Ereignissen komplexe Motivationen. Die Dinge sind selten so gradlinig, wie sie zu sein scheinen.

Mit seinem einmalig bittersüßen Geschmack ist dies das faszinierendste von allen Betriebsritualen. Offiziell ist es natürlich ein Beisammensein von Kollegen, die sich versammelt haben, um den Weggang von einem der Ihren zu feiern und ihm für seine neue Aufgabe alles Gute zu wünschen. Aber es ist nicht schwer, hinter den Scherzen und der zur Schau gestellten Heiterkeit die Anzeichen von Aggression zu entdecken, die zum Teil auf dem Neid auf das Glück des Weggehenden und zum Teil auf dem Groll über das eigene Zurückbleiben beruhen.

Dieser untergründige Ton der Bitterkeit ist vor allem dort zu bemerken, wo die Firma zu jenen ultra-paternalistischen Unternehmen gehört, die glauben, Angestellte hätten ewig dafür dankbar zu sein, daß Sie auf der Gehaltsliste stehen, so als ob das eine Art von besonderem Privileg wäre, auf das niemand, der recht bei Trost ist, freiwillig verzichten würde. Da sie von sich selbst glauben, ihren Angestellten eine Form des Paradieses auf Erden zu bieten, sind solche Unternehmen oft ganz klar verletzt und bestürzt, wenn ein Angestellter sie verläßt, vor allem wenn er zu einem verhaßten Konkurrenten überwechselt. Das erklärt auch, warum langgediente Führungskräfte diesen Partys oft fernbleiben, denn solche Trinkgelage sind für sie ein Akt des Verrates.

Aber wie dem auch sei, bei der dritten Runde Bier gibt es in der Regel überall eine Menge aufrührerischer Reden, die um die Unangemessenheit der Gehälter, die armseligen Sozialbeihilfen des Betriebes und vor allem um die unglaubliche Blödheit der obersten Betriebsführung kreisen. Der ausscheidende Angestellte wird unbeabsichtigt zum Brennpunkt der Unzufriedenheit, und jeder versichert ihm, daß er es richtig gemacht hat. »Es kann dort nicht schlimmer als hier sein« ist ein häufiger Kommentar.

Wenn die Unternehmen diese Zusammenkünfte verbieten könnten, würden sie das wahrscheinlich tun, da sie oft bei den Leuten eine Flut der Stellensucherei auslösen, die bis dato nur im geheimen erwogen hatten, den Schritt zu wagen. Aber da ein Verbot demokratischer Tradition zuwiderlaufen würde, erlauben sie sie weiterhin und hoffen das Beste.

Der Schönheitswettbewerb

Der innerbetriebliche Schönheitswettbewerb mag zwar recht banal erscheinen, ist aber von einzigartiger Bedeutung. Er ist eine der wenigen Konzessionen, die Unternehmensführungen dem demokratischen Prozeß der Amtseinsetzung durch Wahl jemals gemacht haben. Der Umstand, daß die Gewinnerin keine exekutiven Gewalten hat, tut nichts zur Sache. Dieses eine Mal hat der Wille des Volkes die Oberhand.

Früher, in den fünfziger und sechziger Jahren, waren in den USA und England Schönheitswettbewerbe recht verbreitet, aber sie haben mit dem Vordringen von *Women's Lib* an Beliebtheit verloren. Da sie kein Medium mehr für ehrgeizige junge Stenotypistinnen sind, darauf erpicht, in den Status ranghöherer Sekretärinnen aufzusteigen, sind sie in den Betrieben, in denen sie nach wie vor durchgeführt werden, zur Zielscheibe des Spotts geworden. Nicht nur, daß die emanzipierten weiblichen Wesen sich weigern, daran teilzunehmen: Die jüngeren, freier denkenden männlichen Führungskräfte mögen sie auch nicht. Als Folge davon sind sie nur noch bei weiblichen Exhibitionisten und männlichen Voyeuren beliebt und hauptsächlich in Unternehmen zu finden, in denen Frauen wenig gefördert werden.

Wenn sie auch nicht mehr sehr ernst genommen werden, geschieht es trotzdem keineswegs selten, daß sie besonders in Unternehmen mit autokratischem Management gelegentlich Ausbrüche der Unzufriedenheit verursachen. Wenn die Gewinnerin durch Volkswahl bestimmt wird, gibt es kaum Probleme, aber wenn sie, wie das manchmal geschieht, vom Vorsitzenden oder Generaldirektor ausgewählt wird, dann wird todsicher der Verdacht geäußert, das Ergebnis habe bereits vorher festgestanden. Derartige Gefühle kommen in den Unternehmen besonders stark zur Geltung, die an verschiedenen Standorten arbeiten, wo man zu Recht oder Unrecht glaubt, daß die Frauen aus dem Zentralbüro einen unfairen Vorteil haben. Was Wunder, daß viele Unternehmen diese Wettbewerbe abgeschafft haben, da sie eher Zwietracht säen als die guten Beziehungen zwischen den Angestellten ausbauen helfen. Es ist recht zweifelhaft, ob Schönheitswettbewerbe im augenblicklichen Klima weiblicher Emanzipation überleben können. Im Grunde sind sie ein geschmackloses Überbleibsel einer verflossenen Zeit, in der die Tüchtigkeit einer Frau weniger bedeutete als ihre äußere Erscheinung.

Die Managementkonferenz

Die Managementkonferenz des Unternehmens ist das interne Gegenstück der Jahreshauptversammlung der Aktionäre. Sie hat den Zweck, einen Überblick über die Leistung des Unternehmens im vergangenen Jahr zu geben; dessen Aussichten für das kommende Jahr zu beurteilen; und die Zuhörer zu motivieren, ihre Ziele zu erreichen. In gestandenen Organisationen ist das eine recht formalistische Versammlung, die von der Unternehmensspitze und einer Unmenge von statistischem Material beherrscht wird. In anderen Organisationen, besonders wenn sie sich in amerikanischem Besitz befinden, ist die Atmospäre so emotional geladen wie bei einem Treffen der Heilsarmee.

Die eigentliche Arbeit findet bei solchen Konferenzen außerhalb der formellen Sitzungen statt, besonders in den Bars und auf den Golfplätzen. Hier werden Informationen ausgetauscht, Intrigen gesponnen, Bündnisse geschlossen und Vertrauen erschüttert. Bezeichnenderweise wird viel darüber geredet, wessen Stern steigt und wessen Stern sinkt, über organisatorische Veränderungen und Umgruppierungen in der Unternehmensführung, über Krach im Vorstand und bevorstehende Rücktritte. All diese Themen werden mit sehr viel mehr Begeisterung diskutiert als die, die auf der formellen Tagesordnung auftauchen - was nicht überrascht, weil das den Managern ermöglicht, die Zukunft vorauszusehen und die Chancen ihres persönlichen Überlebens abzuschätzen.

Obwohl man es als Ehre für einen Manager ansieht, wenn er eingeladen wird, bei der Konferenz eine Ansprache zu halten, wehe ihm, wenn seine Darbietung nicht den nötigen Eindruck hinterlassen sollte: Das wird sich fast todsicher auf seine Beförderungsaussichten auswirken. Kein Wunder, daß so mancher Manager diese Einladung mit äußerst gemischten Gefühlen annimmt und in einen Zustand höchster Nervosität gerät. Umgekehrt wird ein Mann, der eine ausgezeichnete Rede hält, insgeheim für zukünftige Beförderungen ausgewählt, selbst wenn die Leistungen seiner Laufbahn in der Betriebsführung nicht mehr als durchschnittlich sein mögen. Solche sonderbaren Fügungen und Ungerechtigkeiten gehören nun einmal zum Berufsleben. So ist es oft nicht nur die Frage, wer Sie kennt, sondern von wem Sie gesehen und gehört werden.

Eine Pensionierungsfeier hat viel mit einem Begräbnis gemeinsam; der Unterschied besteht darin, daß der Leichnam lebendig und offensichtlich gut beieinander ist. Die Stimmung ist eine merkwürdige Mischung aus Trauer und Heiterkeit, wie man sie bei Polterabenden vorfindet. Oft gibt es eine Spur von Neid bei denen, die selbst auch gerne ausscheiden würden.

Für diese Gelegenheit gibt es eine festgelegte Etikette. Der Angestellte, der die Pensionierungsurkunde überreicht, übernimmt die Rolle eines Fernsehquizmasters, während der Empfänger die des Gewinners spielt. Die darum herumstehenden Zuschauer sind das Publikum im Studio, das beim geringsten Scherz bereitwillig Beifall spendet und die Bestürzung ihres Kollegen mit Genuß verfolgt. Und wer würde von der typischen Verabschiedungsrede mit ihrem übertriebenen Lob und ihrer Rührseligkeit nicht bestürzt sein? Es ist nicht leicht, die Wahrheit zu kennen (und zu wissen, daß die anderen die Wahrheit kennen) und trotzdem nicht imstande zu sein, die Dinge richtigzustellen.

Doch dies ist nicht der rechte Zeitpunkt für gegenseitige Beschuldigungen und Offenbarungen des Herzens: Es ist ein Zeitpunkt für Phantasiegebilde und Heucheleien. Zum Beispiel für die Phantasievorstellung, daß die Arbeit aufzugeben nicht die traumatische Erfahrung ist, die sie so oft ist, sondern genauso leicht wie der Kauf eines neuen Hemdes. Für die Heuchelei, daß der ausscheidende Kollege danach ewig glücklich und zufrieden in einem idyllischen Landhaus leben wird, durch seine Erinnerungen gegen die im Lande wütende Inflation abgeschirmt und durch das Herumwerkeln im Garten voll ausgefüllt. Es ist nicht zu fassen, aber obwohl die Zeit ihr größter Feind ist, schenkt man in den Ruhestand gehenden Belegschaftsmitgliedern oft Armbanduhren oder andere Uhren. Gibt es kein Ende der Unmenschlichkeit des Menschen dem Menschen gegenüber?

Und wenn diese ungeheuer geschmacklose Zeremonie schließlich vorbei ist, was bleibt außer der schnell verblassenden Erinnerung an einen ausgeschiedenen Freund oder einen ungeliebten Feind? Unternehmen sollten ihre Toten mit Ruhe und Würde begraben; und was noch wichtiger ist, sie sollten bessere Vorkehrungen für die harten Realitäten des Ruhestandes treffen. Eine erstklassige Pension, die zumindest jährlich angepaßt wird, ist mehr wert wie ein ganzes Warenhaus voll Kuckucksuhren.

Es gibt eine Anzahl weiterer, mehr persönlicher Rituale, die eher einzelne als Gruppen betreffen. Da gibt es zum Beispiel das Leistungsbewertungsgespräch, in dem die Leistung eines Mannes von seinem Boß beurteilt wird; das Treffen, in dem die Gehaltsanpassung besprochen und diese Urteile in bare Münze verwandelt werden; und die Diskussion der »beruflichen Entwicklung«, die den Angestellten angeblich über seine Zukunftsaussichten aufklären soll.

Ob ihm das nun paßt oder nicht, kein Mensch ist daher eine Insel, wenn er in der Wirtschaft arbeitet: Er ist unvermeidlich Mitglied in einer Reihe von Gruppen. Wenn er klug ist und vorwärtskommen will, wird er sich an diesen Ritualen beteiligen, die zu unterstützen man von ihm erwartet - ungeachtet dessen, ob sie so ganz seinem Geschmack entsprechen. Immerhin liegt eine gewisse Stärke darin, zu einem solchen Haufen zu gehören. Der einsame Individualist ist sehr viel leichter zu verletzen.

Kapitel 15
Die Betriebsexorzisten

Wer ist das,
So abgewelkt, in seiner Tracht so wild?
Ihr gleicht Bewohnern dieser Erde nicht,
Und trotzdem trägt sie euch?
Shakespeare, *Macbeth,* Akt I, Szene 1

Das jüngste Wiederaufleben des öffentlichen Interesses an okkulten und übernatürlichen Dingen muß viele erfahrene Manager als merkwürdig übersteigert, wenn nicht einfach blödsinnig anmuten. Doch haben Unternehmen seit langem verschiedene Typen von Exorzisten unter ihren Angestellten beschäftigt, die Dämonen austreiben und böse Geister abwehren sollten: Ganze neue Abteilungen wurden eigentlich für eben diesen Zweck geschaffen. Einige dieser Gruppen arbeiten auf speziell technischen Gebieten, andere befassen sich mit mehr menschlichen Problemen. Im wesentlichen ist es ihre Aufgabe, jene böswilligen Kräfte auszurotten und zu zerstören, von denen man glaubt, daß sie das Wohlergehen des Unternehmens in Gefahr bringen. Und es herrscht kaum Mangel an teuflischen Wesen.

In großen Organisationen wirkt der Betriebspsychologe als eine Art menschlicher Barriere gegen Ansteckungen von außen. Da er oft angeheuert wird, um Kandidaten für Führungsposten zu interviewen, ist es seine Aufgabe, die Bewerber zu entdecken, die sich der innerbetrieblichen Kultur wahrscheinlich nicht anpassen würden. Manchmal ist es leicht für ihn, potentielle »subversive Elemente« an vielsagenden Aspekten ihrer Kleidung oder ihrer Redeweise zu erkennen, aber es gibt noch viele andere, die nicht so leicht zu demaskieren sind.

Spätestens dann muß er auf das Handwerkszeug seines Gewerbes zurückgreifen, besonders auf den gefürchteten psychologischen Fragebogen. Die Wirkung dieser Tests besteht darin, den Kandidaten in einem falschen Sicherheitsgefühl zu wiegen, indem man ihm eine großzügige Auswahl von Antworten auf jede Frage vorlegt, von denen alle als gleichermaßen erwünscht erscheinen. Zum Unglück für den Kandidaten ist das keineswegs der Fall, da seine Antworten dann mit einer großen Zahl von »Persönlichkeitsprofilen« verglichen werden, die oft vom Direktor bis zum hartgesottenen Kriminellen reichen.

Solche Tests haben im allgemeinen großen Erfolg, wenn die Einheitlichkeit des Managerkaders des Unternehmens gewahrt bleiben soll. Wehe jedem Bewerber um eine Stelle in der Verkaufsleitung, der hohe Punktwerte bei intellektuellen und künstlerischen Interessen im Gegensatz zu den handfesteren Freuden der im Freien betriebenen Sportarten erreicht (es ist doch eine allgemein bekannte Tatsache, daß der Teufel für überaktive Köpfe leicht etwas zu tun findet). Gleichermaßen glaubt man, daß diejenigen, die eine Vorliebe für zurückgezogenere Beschäftigungen zeigen, sich wahrscheinlich nicht mit Eifer an so wichtigen Betriebsritualen wie der Weihnachtsfeier beteiligen werden.

Der Erfolg des Psychologen beim Exorzismus solcher von außen kommenden Dämonen erklärt weitgehend, warum die Manager, die bereits einen Platz auf der Gehaltsliste haben, sich nur widerstrebend diesen Tests unterziehen, besonders wenn sie den Verdacht haben, daß sie für interne Beförderungszwecke benutzt werden. Und je höher der Rang des Managers, desto größer der Widerstand; verständlicherweise, denn diese Männer haben sehr viel mehr zu verlieren, wenn die Ergebnisse nicht günstig für sie sind. Man muß in der Tat bezweifeln, ob einige unserer erfolgreichsten Unternehmer diese Tests in einem früheren Stadium ihrer Laufbahn überlebt hätten.

Der Public-Relations-Chef

Alle Unternehmen empfinden Horror vor einem schlechten Image in der Öffentlichkeit, und das nicht ohne Grund. Ganz abgesehen von der Wirkung auf den Aktienpreis hat ein Unternehmen mit einem schlechten Betriebsimage wahrscheinlich große Schwierigkeiten, Personal der erforderlichen Güteklasse zu gewinnen. So werden die berüchtigten »Heuern-und-Feuern«-Organisationen gezwungen, Höchstpreise an Gehältern zu bezahlen (die in Wirklichkeit ein starkes Element an »Risikogeld« enthalten), um ihren Anteil an den zur Verfügung stehenden unternehmerischen Begabungen zu erhalten.

Die Rolle des Public-Relations-Chefs ist es, das Image des Betriebes rein zu erhalten oder, wenn es bereits getrübt ist, aus einem schlechten Job das Beste zu machen. Auf jeden Fall bedeutet das, daß er ständig auf der Hut sein muß, um jene boshaften Dämonen zu exorzieren, die allzuleicht eine Presseverlautbarung zum Scheitern bringen oder auch dazu führen können, daß eine offizielle Mitteilung des Betriebes mit Salven spöttischen Gelächters aufgenommen wird. Es ist eine undankbare Aufgabe. Unendliche Stunden muß er damit verbringen, in Druckfahnen nach dem Fehlerteufel zu suchen, Ungereimtheiten in der Rede des Vorsitzenden zu finden und vor allem jenen Alptraum abzuwenden, der alle Public-Relations-Chefs heimsucht - eine feindselige Anfrage im Parlament.

Das Leben eines Public-Relations-Chefs kann widerlich, brutal und kurz sein, und das ist es oft auch. In einigen Unternehmen wird die Dezimierung der Public-Relations-Abteilung allmählich als ein alljährlich wiederkehrendes Ereignis angesehen. Der Grund hierfür ist im allgemeinen weder Unfähigkeit noch in den meisten Fällen ein Mangel an emotionaler Stabilität: Es ist eine traurige Tatsache, daß der Public-Relations-Chef der vollkommene Prügelknabe ist. Allzuoft ist er nicht in die wahren Absichten des Unternehmens eingeweiht, und man verweigert ihm den Zugang zu entscheidenden Informationen. Man sieht in ihm ganz einfach jemanden, der platte Betriebsverlautbarungen in geschliffener Sprache liefert, und erwartet auch noch, daß hartgesottene Journalisten sie ohne Gegenfrage schlucken. Was Wunder, daß der Public-Relations-Chef oft genau den Dämonen unterliegt, die er zu exorzieren versucht.

Der Managementtrainer ist der größte Verkäufer der großen Management-Traumfabrik. Sowohl Prophet wie auch Missionar, erzählt er wundersame Geschichten von einem goldenen Zeitalter des Management, in dem alle Führungskräfte logisch, rational und ganz den Betriebsinteressen hingegeben sein werden. Sein Evangelisationseifer wird nur noch von seiner Naivität übertroffen. Um in das Reich des »effizienten Managers« zu gelangen, scheint es lediglich nötig zu sein, führen zu können, durch Zielvorgaben die Untergebenen zu motivieren und bei jeder nur ersichtlichen Gelegenheit große Portionen des eigenen Aufgabenbereichs zu delegieren.

Der wichtigste Dämon, den der Managementtrainer zu exorzieren versucht, ist jener Satan in Menschengestalt, der autokratische Manager. Hier liegt, so wird uns gesagt, die Wurzel allen Übels in der Industrie, die Ursache von Streiks, von Fehlzeiten am Arbeitsplatz, niedriger Produktivität, häufigem Arbeitsplatzwechseln und fast allen Neurosen der Führungskräfte. Aber trotz all seiner vielen Sünden ist er nicht rettungslos verdammt. Wenn er nur lernt, mit seinen Untergebenen zu »kommunizieren« und ihren Rat einzuholen, bevor er Entscheidungen trifft, wird er bereitwillig in die Reihen der Gerechten aufgenommen werden. Und groß wird die Freude im Managermenttrainingszentrum des Unternehmens sein.

Unglücklicherweise können Führungskräfte nicht so leicht aus ihrer Haut heraus; warum sollten sie das eigentlich auch, wo es sich doch so viele von ihnen auf den oberen Ästen des Managementbaumes recht bequem gemacht haben? Es ist diese fürchterliche Dichotomie zwischen Managementtheorie und Betriebspraxis, die so viele Managementtrainer von begeisterten Propheten einer kühnen neuen Welt in frustrierte, zynische, vorzeitig alternde Nihilisten verwandelt. Immerhin ist es schwierig, weiterhin zu predigen, daß sich Vergehen gegen Managementprinzipien nicht bezahlt machen, wenn ein flüchtiger Blick nach oben zeigt, daß sie das sehr wohl tun können.

Trotzdem gibt es für den mit echter Hingabe an seiner Aufgabe arbeitenden Managementtrainer immer ein besseres Morgen. Er tröstet sich mit dem Wissen, daß, wenn er dem heutigen Führungsnachwuchs erfolgreich die Teufel austreiben kann, das in einem Zeitraum von zehn Jahren vielleicht zu einem aufgeklärteren höheren Management führt.

Der Rechnungsführer

Der Rechnungsführer verbringt sein Leben in einem Kampf auf Leben und Tod mit den Zwillingsdämonen Verschwendung und Extravaganz. Seinem Temperament nach ist er von Natur aus eine spartanische, puritanische Erscheinung, der seinen Kollegen in den Vertriebs- und Verkaufsabteilungen ihre Kavaliersausschweifungen zutiefst übelnimmt. Es gibt in der Tat wenige Aufgaben, an denen er mehr Genuß entwickelt als an der gründlichen Prüfung der Spesenabrechnungen der Verkäufer.

Das Problem beim Rechnungsführer ist, daß er bei seinem lobenswerten Kreuzzug gegen die Verschwendung oft zu Mitteln greift, die schlimmer als das Übel sind. Er ist ein absoluter Meister im Erfinden von ausgeklügelten »Kontrollsystemen«, die Pfennige sparen, aber etliche Mark kosten. Als Ersatzapostel predigt er, alles schriftlich festzuhalten, so daß in den Organisationen, in denen er großen Einfluß hat, der unternehmerische Geist ein schwächliches, kränkelndes Wesen ist, das zwischen zahllosen Verboten in Form schriftlicher Richtlinien und Instruktionen eingepfercht ist. Als Folge davon wird die unternehmerische Risikobereitschaft zu etwas, das der Vergangenheit angehört, weil sich die Manager auf die Lösung interner Probleme statt auf das Ergreifen externer Gelegenheiten konzentrieren.

Aber in seinem nicht endenden Krieg gegen den Dämon Verschwendung hat der Rechnungsführer seinen Exorzistenkollegen gegenüber einen großen Vorteil: Er kann seine Argumente in der Regel quantifizieren. Ihm fehlt der extravagante Optimismus des Public-Relations-Chefs oder der kindliche Glaube des Managementtrainers. »Nicht nur recht habe ich«, so sagt er, »hier sind auch die Zahlen, die das beweisen.« Wegen seines geschickten und oft skrupellosen Gebrauchs seiner zahllosen Fertigkeiten triumphiert der Rechnungsführer so häufig über die, die nur Gefühle, Meinungen und moralisches Empfinden zu bieten haben. Und eine derartige Ehrfurcht empfinden die meisten nicht zur Rechnungsabteilung gehörenden Manager vor dem, was Zahlen »beweisen«, daß seine Glaubwürdigkeit selten langfristigen Schaden nimmt, selbst wenn die Ereignisse zeigen, daß er nicht recht hatte. Die Kraft seines Zaubers ist viel zu stark.

Fraglos ist der Rechnungsführer ein recht einflußreicher Betriebsexorzist und einer der ganz wenigen, die auf übereifrige Fachgebietsleiter mächtigen Eindruck machen. Mit einer beeindruckenden Batterie von Ritualen des Rechnungswesens bewaffnet, ist er äußerst gut gerüstet, um Feuer mit Feuer zu vergelten; und das dermaßen stark, daß er von vielen vielleicht unfairerweise als ein noch größerer Dämon gesehen wird als der, den er zu vernichten versucht.

Der Personalchef erfüllt als Exorzist eine doppelte Funktion. Erstens befaßt er sich wie der Betriebspsychologe damit zu verhindern, daß unerwünschte Elemente in die Organisation eindringen (obwohl er in der Regel auf einer sehr viel niedrigeren Einstellungsebene tätig wird). Zweitens versucht er in seiner die Beziehungen zwischen Arbeitgeber und Arbeitnehmern betreffenden Rolle das Ausmaß des Schadens zu begrenzen, den diejenigen Dämonen verursacht haben, die sich bei der Einstellung dem Kontrollverfahren des Unternehmens irgendwie entzogen haben. Daher verbringt er einen großen Teil seiner Zeit damit, die Aktivitäten von betriebsinternen »subversiven Elementen« zu überwachen und angemessene Gegenmaßnahmen zu ergreifen, um ihre Kriegslisten zu vereiteln.

Als Exorzist stehen ihm zwei grundlegende Optionen offen. Er kann sich entweder dafür entscheiden zu warten, bis sich diese Dämonen eine Blöße geben, und dann zur Tat schreiten; oder er kann versuchen, sie dadurch zu überlisten und auszumanövrieren, daß er die Streitfragen voraussieht, die wahrscheinlich Unruhe stiften werden. Die letztere Strategie ist in der Regel bei weitem erfolgreicher, da die Erfahrung lehrt, daß die, die es vorziehen zu mauern, sehr bald mit Situationen konfrontiert werden, die praktisch außer Kontrolle geraten. Es ist in der Tat die (vom höheren Management verziehene, wenn nicht sogar ermutigte) grenzenlos optimitische Tendenz einiger Personalchefs, die so manchen winzig kleinen Streitpunkt in himmelhochragende Uneinigkeit verwandelt hat – so daß sie die ganze Organisation zu zerstören droht.

Wie sein Stiefbruder, der Managementtrainer, ist der Personalchef oft der Meinung, daß viele seiner Probleme von der Unfähigkeit und der Starrheit der diversen Abteilungsleitungen verursacht werden. Zu dem Zeitpunkt, zu dem er mit unzähligen Kopien des Tarifvertrages unter dem Arm auf der Bildfläche erscheint, schwelt bereits ein heftiges Feuer der Unzufriedenheit in praktisch jedem Teil der Fabrik. Und da er in der Regel nur gewappnet ist, mit kleinen Feuern und noch kleineren Dämonen fertig zu werden, kann es kaum überraschen, daß derartige Auseinandersetzungen ausnahmslos auf einer höheren Ebene geregelt werden müssen. Der Personalchef ist daher kaum mehr als ein kleinerer Exorzist, ein Umstand, den die militanteren unter seinen Gegnern nur allzugut verstehen.

Der Big Boss

Im Gegensatz zu den anderen Exorzisten, die auf niedrigeren Stufen in der Organisation wirken, setzt sich der Unternehmensleiter nur mit den allerhöchsten Dämonen auseinander, die den Fortbestand des Unternehmens als solches bedrohen. Seine Hauptstärke liegt darin, den Angriffen jener besonders listigen Kobolde Widerstand zu leisten, die Gefallen daran finden, das »Vertrauen« der City und des Anlagepublikums zu untergraben. Er ist der Erzverteidiger des Heiligen Grals des Betriebes.

Jedes Jahr führt er den Vorsitz bei der beeindruckendsten aller exorzistischen Zeremonien, der Jahreshauptversammlung. Hierbei dankt er jenen wohlwollenden Schutzengeln, die über das Schicksal des Unternehmens gewacht haben (»Ich schätze mich glücklich, berichten zu können, daß wir ein weiteres gutes Jahr hinter uns haben«), während er gleichzeitig die fortwährende Herausforderung durch die Mächte der

Finsternis zugibt (»Die jüngsten Regierungsauflagen werden sich voraussichtlich im nächsten Quartal in niedrigeren Gewinnspannen niederschlagen«). Wenn er in besonders angriffslustiger Stimmung ist, mag er sogar die Gelegenheit benutzen, einen bitterbösen Gegenangriff auf den Fürsten der Dämonen, die »Inflation«, und auf seine berüchtigten Gefolgsmänner, »steigende Lohnkosten« und »gewerkschaftliche Agitation«, zu starten. Ausnahmslos wird er die Zeremonie damit schließen, daß er sowohl den Direktoren wie auch der Belegschaft in Anerkennung ihrer hervorragenden Treue und Standhaftigkeit in den letzten zwölf Monaten seinen Segen erteilt.

Wie es seiner Rolle als oberster Exorzist des Unternehmens zukommt, umgibt sich der Vorsitzende mit ausgesuchtem Zubehör, dazu bestimmt, das böse Auge fernzuhalten. Porträts von ehemaligen Unternehmensführern blicken von den Wänden seines Büros auf ihn herab. Auf den Borden des Bücherschranks reihen sich einige der geheiligten Texte so verehrter Propheten wie Drucker und Herzberg aneinander. Nicht zuletzt glänzt in der Ecke der wohlsortierte Barschrank, im Kampf gegen das Böse so oft Quelle geistigen Trostes. Alle diese Gegenstände sind nicht, wie das einige Zyniker behauptet haben, lediglich leere Statussymbole: Sie sind das Handwerkszeug für das Gewerbe eines obersten Exorzisten.

Als Kaiser all derer, die er überblickt, als Verteidiger des Betriebsglaubens, trägt der Big Boss eine schwere Last der Verantwortung, die durch jene keineswegs leichter wird, die über die Höhe seines Verdienstes oder die Üppigkeit seiner Privilegien nörgeln. Als ein Mann, der mehr zu bedauern als zu beneiden ist, ist er das größte Bollwerk des Unternehmens gegen die dunklen Gewalten der Außenwelt.

Die Frage bleibt: Ist es für ein Unternehmen möglich, trotz der Bemühungen seiner internen Exorzisten weiterhin »besessen« zu bleiben? – Das ist tatsächlich möglich; und als Beweis dafür braucht man sich nur einige der recht traumatischen Zusammenschlüsse und Geschäftsübernahmen des letzten Jahrzehnts in Erinnerung zu rufen. Zweifellos beanspruchte der Teufel in vielen dieser Fälle lediglich, was ihm zustand, wobei Streitereien im Aufsichtsrat und Unfähigkeit der Unternehmensführung ihm die Aufgabe erleichterten. Aber zum Glück gibt es viele andere Beispiele, in denen Unheil durch die rechtzeitige Intervention mächtiger externer Exorzisten, nämlich von *Beratern,* abgewendet wurde.

Die allgemein bekannt gewordenen Erfolge einiger Beratungsfirmen, ein paar unglaublich hartnäckige Betriebsdämonen aufzuspüren und zu zerstören, haben ihre Dienste für viele große Organisationen, nicht zuletzt im öffentlichen Sektor, unvermeidlich werden lassen. Ob ihre Bemühungen irgendwelche anhaltenden Wirkungen haben werden, kann nur die Zeit beantworten (vermutlich würden nicht einmal die eingebildetsten von ihnen behaupten, *alle* bösen Geister der Unternehmensführung austreiben zu können). Aber wenigstens können sie dazu beitragen, die Körpertemperatur des Opfers zu senken und ein wenig dringend benötigte Physiotherapie anzuwenden, während es seine geistigen und körperlichen Kräfte wiedergewinnt. Manchmal reicht das bereits aus.

Kapitel 16
»... wenn ich das hier mal so sagen darf«

Mir fehlen Geist und Vortrag, fehlen Würde
und Ehrgeiz, fehlt die Macht des Wortes,
die Menschen aufzureizen. Ich rede schlicht,
und sage nur, was ihr schon alle wißt.
Shakespeare, *Julius Cäsar,* Akt III, Szene 2

Jedes Jahr halten Hunderte von Organisationen ihre Jahreskonferenzen ab, die als die Glanzpunkte im Unternehmensjahr angesehen werden. Ungeheure Summen werden für Fünf-Sterne-Hotels vergeudet, und man gibt sich die größte Mühe, eine ansprechende Tagesordnung aufzustellen. Häufig wird eine Reihe von Gastrednern zu diesen Versammlungen eingeladen, um neue Gedanken in den Kreislauf des Unternehmens einströmen zu lassen. Ungeachtet der Unterschiede ihres persönlichen Werdeganges lassen sich die meisten von ihnen in eine der sechs Hauptgruppen einordnen.

Der vornehme Amateur

Dieser Mann mag wohl über Kenntnisse auf vielen Gebieten verfügen, aber leider nicht auf dem, das auf der Tagesordnung erscheint. Seine Anwesenheit ist oft das Ergebnis eines Essens mit Geschäftsfreunden, bei dem er in einem Augenblick geistiger Verwirrung zusagte, die Rede zu übernehmen. Diese Wahnsinnstat bitter bereuend, hat er seither nächtelang wach gelegen und sich über seine Rede Gedanken gemacht.

Oft ist er einer der höheren leitenden Angestellten eines größeren Unternehmens, und man hofft, daß er das Erfolgsrezept seiner Organisation enthüllen wird. Wenn er dann ein Klischee nach dem anderen vom Stapel läßt, scheint es zu seinem Unglück sicher, daß ihm die Größe aufgezwungen wurde und daß er ausgesprochenes Glück hatte, bis dahin gekommen zu sein, wo er jetzt ist. Das kurioseste daran ist, daß gerade seine albernen Bemerkungen die Zuhörer, die in den Vorstand streben, eher ermutigen. Wenn ein solcher Mann so hoch klettern kann, so argumentieren sie, dann brauchen doch auch die mäßig Begabten die Hoffnung nicht aufzugeben.

Dieser Typ Redner richtet am wenigsten Schaden an, wenn er unmittelbar nach dem Mittagessen drankommt, weil dann der größte Teil der Zuhörer am Einschlafen ist. Als Alternative kann er auch als Redner nach dem Abendessen eingesetzt werden, wenn die Zuhörerschaft traditionell toleranter auf magere Scherze reagiert.

Der Experte

Engagieren Sie einen Mann niemals bloß auf Grund seines Rufes auf seinem Spezialgebiet. Die Tatsache, daß er ein entscheidendes Buch geschrieben oder einen einflußreichen Artikel veröffentlicht hat, garantiert nicht, daß er auch für das Rednerpult geeignet ist. Je größer nämlich seine Gelehrsamkeit ist, um so wahrscheinlicher wird er keinen Anklang finden, da er das Wissen seiner Zuhörerschaft ausnahmslos überschätzt.

Es wird nicht lange dauern, bis dieser Mann seine typische Wirkung auslöst. Innerhalb der ersten Minuten seiner umständlichen Einleitung bekommen die Zuhörer träge Augen, und die Köpfe nicken allmählich nach vorne. Hustenanfälle verbreiten sich wie eine Epidemie. Der Vorsitzende, der arme in seinem Amt gefangene Teufel, beginnt sich Notizen zu machen, um mit aller Gewalt wach zu bleiben. Wenn dann Erfrischungen gereicht werden, reagiert die Zuhörerschaft wie eine belagerte Garnison, die gerade die entsetzende Kolonne erblickt hat. Einige der kühneren Geister nützen die Jagd auf den Kaffee aus, um sich abzusetzen, und werden zum letzten Mal in Richtung Hotelhalle gesehen.

Mit wenigen Ausnahmen neigen Experten dazu, in einer eigenen Welt, versponnen in den Details ihres Spezialgebietes, zu leben. Es hat keinen Zweck, ihre Unzulänglichkeit als Kommunikatoren zu beklagen. Die meisten von ihnen sind sich nicht einmal bewußt, daß es überhaupt Probleme gibt.

Der Showman

Dieser Mann ist besonders bei Verkaufskonferenzen beliebt, wo man seinen handfesten Sinn für Humor sehr schätzt. Oft ist er selbst ein ehemaliger Verkäufer und kann mit seinen lustigen Anekdoten und heiteren Scherzen selbst in die langweiligste Versammlung wieder Leben bringen.

Er ist ausgesprochen gewandt und vielseitig. Des Schauspielers Gebärden, des Komödianten Gespür für den richtigen Augenblick, des Betrügers Glaubwürdigkeit – das ist das Handwerkszeug seines Gewerbes, und er setzt es mit der Fertigkeit eines Gildenmeisters ein. Er ist für Sarkasmus und Ironie absolut unzugänglich und kann jede Unterbrechung mit unversöhnlichen improvisierten Reden unterdrücken. Aber derart stark ist seine Aura überschwenglicher Kollegialität, daß er eigentlich nie das Wohlwollen seiner Zuhörerschaft verliert. Er wird ganz im Gegenteil bereitwillig als »einer von uns« akzeptiert, als ein Mann, mit dem man sich vollkommen identifizieren kann.

Bitten Sie ihn niemals, über ein ernsthaftes Thema zu sprechen; er gerät unnötig unter Druck, wenn man ihn auffordert, in die Tiefe zu gehen. Nehmen Sie ihn so, wie er ist, ein genialer Unterhalter, der sich keinerlei Größe einbildet und dessen Zweck es ist, für ein bißchen Entspannung zu sorgen.

Der Blender

Es gibt keinen Zweifel über diesen Mann: Er ist im Reigen der Konferenzen einer der produktivsten Redner. Aber wie ein Konzertpianist mit einem begrenzten Repertoire gibt er eigentlich bei jeder Gelegenheit die gleiche Vorstellung.

Innerhalb seines engeren Bereichs jedoch ist er vollkommener Profi und übermittelt seine Botschaft mit untrüglichem Instinkt. Jede Wortbetonung ist sorgfältig einstudiert, jede dramatische Gebärde erfolgt gekonnt zum richtigen Zeitpunkt. Solange er das Wort hat, ist er so gut wie unbesiegbar, aber wenn dann die Zeit des Fragestellens kommt, ist er verwundbar, da man jetzt leichter seine begrenzte Erfahrung bloßstellen kann. Dann wird er oft unwirsch und aggressiv und versucht, seine Kritiker in ehrfurchtsvolles Schweigen zu zwingen.

Er ist in der Regel bei jüngeren Managern beliebter, die von seinem profihaften Geschick bezaubert sind. Erfahrenere Führungskräfte, die an Taten, nicht an Worten interessiert sind, halten ihn wahrscheinlicher für einen Schwätzer.

Der Akademiker

Akademiker haben oft große Schwierigkeiten, eine Beziehung zu Wirtschaftsgruppen herzustellen. Daran gewöhnt, vor unfreiwilligen Zuhörerschaften zu sprechen, versuchen sie selten, ihre Ideen zu verkaufen, und scheinen auf einfache Sprache besonders allergisch zu reagieren.

Viele bieten eine Show intellektueller Gymnastik, die ihre Zuhörerschaft gründlich verwirrt. Jede Meinung ist in einen Kokon so vieler Vorbehalte eingesponnen, daß man nur schwer wissen kann, was sie selbst wirklich glauben. Ärgerlich ist auch ihre Angewohnheit, gelehrte Autoritäten zu zitieren, deren Namen den meisten Führungskräften kein Begriff sind und die sich oft mehr auf die Motivation von Nagetieren als auf die Behandlung der Probleme von Geschäftsleuten zu verstehen scheinen.

Am verheerendsten von allen ist der Möchtegern-Humorist, der gestelzte Wortspiele auf seine Zuhörerschaft herunterprasseln läßt. Die Tatsache, daß sie keinen Erfolg haben, scheint ihn nie zu beunruhigen; und ungeachtet der eisigen Aufnahme macht er mit schleppender Stimme weiter. Zweifellos ist er der Meinung, daß es nicht seine Schuld ist, wenn zu wenige Führungskräfte eine anständige Erziehung erhielten.

Der Profi

Einen echten Profi kann man immer erkennen: Wenn er gefragt wird, ob er vielleicht einen Vortrag halten könnte, setzt er ausnahmslos zuerst das Honorar fest, bevor er zusagt. Er wird darauf hinweisen, daß sich diese Summe ohne Spesen versteht und daß auch die Kosten für irgendwelche Kursunterlagen nicht darin enthalten sind.

Obwohl er teuer ist, liefert er einen glänzenden Gegenwert für sein Geld und beeindruckt selbst die zynischste Gruppe recht schnell. Robust, aggressiv und voller Selbstvertrauen genießt er die Herausforderung feindseliger Fragen und verteidigt sich verbal sowohl mit dem Stilett wie mit der Keule. Für viele Zuhörer ist es das Glanzlicht seiner Darbietung, wenn er einen gefürchteten höheren Manager herunterputzt, der in dem Irrglauben lebt, eine leistungsfähige Führungskraft zu sein. Sicherlich empfindet er keinerlei Respekt vor Personen; nicht einmal Generaldirektoren sind vor seinen Hieben sicher.

Ein weiteres Kennzeichen des Profis ist es, daß er die Rechnung in der Regel innerhalb einer Woche nach seiner Rede schickt. Es ist klug, sie umgehend zu bezahlen, denn beim geringsten Verzug wird er nicht zögern, den Vorsitzenden selbst daraufhin anzusprechen.

Ein letzter Punkt. Denken Sie daran, daß es wenig Sinn hat, jemanden anzuheuern, nur weil er so verlockend billig ist. Sie würden doch auch niemals nach einem Meisterwerk in der Abteilung für Sonderangebote suchen. Wie bei den meisten Dingen im Wirtschaftsleben werden Sie auch hier das erhalten, was Sie bezahlen. Und wenn Sie den falschen Redner aussuchen, dann bezahlen Sie wirklich das, was Sie erhalten.

Kapitel 17
Die Entbehrlichen

Sei guten Muts, das Schlimmste kommt erst noch.
Philander Chase Johnson, *Shooting Stars*

Wenn die Wirtschaft floriert, fühlt sich jedermann glücklich und es scheint keinerlei Wolken am Horizont zu geben. In solchen Zeiten werden Unternehmen fett und selbstgefällig, berauscht von der Euphorie offensichtlich endlosen Erfolgs. Aber früher oder später kommt der Tag der Abrechnung: Eine Rezession setzt ein. Die Wirkung ist unmittelbar. Das Lächeln erstirbt, die Mienen werden finster, und Worte wie »Personalabbau« und »Arbeitskräfteüberschuß« sind in jedermanns Mund. Führungskräfte, die früher sorglos am Mittwochnachmittag den Golfschläger geschwungen oder sich beim lokalen Pferderennen gelegentlich einen Tag frei genommen haben, drängen sich jetzt zusammen und tauschen Gerüchte aus.

Natürlich kann es potentiell alle treffen, aber einige sind sehr viel leichter zu treffen als andere. Am gefährdetsten sind die wenigen Führungskräfte, deren Erfolge meßbar sind und die eine Dienstleistung erbringen, die nicht mehr gebraucht wird. Sie sind es, die am kritischsten überprüft werden. Die Helden von gestern werden die Prügelknaben von heute.

Der Verkaufsleiter wird von seinen neidischeren Kollegen weitgehend als ein zügelloser Hedonist gesehen, der voll auf Kosten der Firma lebt. Mit seinem firmeneigenen Wagen und Essen auf Spesenrechnung, seinen Auslandsreisen und Luxushotels erscheint er denen wie ein Mitglied des Wirtschafts-Jet-Sets, die selten von ihren Schreibtischen wegkommen. Aber all das ist nur äußerer Schein. Er ist eines der verletzlichsten Mitglieder der Führungsmannschaft.

Es ist nicht schwer zu erkennen, warum das so ist. Die mit dem Schwert leben, sterben oft durch das Schwert, und der Verkaufsleiter ist ein Meister des Wortgefechts. Er ist es, der den Glücksgöttern das jährliche Opfer, die Verkaufsprognose, darbringt und der seine Herren mit seinem fortwährenden Optimismus hypnotisiert. Wenn er seine Ziele erreicht, ist alles in bester Ordnung: wenn nicht, dann wird er zum vollendeten Prügelknaben. Eben aus diesem Grund sind seine »Nebeneinnahmen« gerechtfertigt; nicht weil er begabter als irgend jemand anderes ist. Wenn das Unheil jederzeit urplötzlich über ihn hereinbrechen kann, kann man ihn kaum dafür tadeln, daß er zuvor das Leben genießt.

Während einige Verkaufsleiter total unfähig sind und ihre ständigen Mißgeschicke nur sich selbst zu verdanken haben, wird gegen viele andere mehr gesündigt, als daß sie selbst sündigen. Ein allgemeiner Geschäftsrückgang, eine schlecht begründete Preissteigerung, ein von einem Konkurrenten eingeführtes revolutionäres neues Produkt – derartige Faktoren können selbst den besten Mann zu Fall bringen. Trotzdem kann sich der Verkaufsleiter kaum beklagen, wenn seine Entschuldigungen beiseite geschoben werden: Er ist berüchtigt für seine Intoleranz gegen Fehler von anderen. Sollte nur ein

Auftrag verlorengehen oder ein Liefertermin verpaßt werden, wird er wie ein wütender Bär über den Schuldigen herfallen und ihn wegen seiner Achtlosigkeit und Unfähigkeit gnadenlos heruntermachen. Was Wunder, daß so mancher lächelt, wenn er in Ungnade fällt. Wer aufs Tapet haut, muß manchmal selbst einiges einstecken können.

Der Personalleiter

Hier ist eine weitere leicht zu treffende Führungskraft, besonders wenn sie mit der Einstellung von Managern zu tun hat. Es bedarf nur einiger schlechter Leistungen von Führungskräften, die er ausgewählt hat, um kritische Blicke in seine Richtung zu lenken. Immerhin wird ein Ratgeber nach der Güte seines Rates bewertet, und wenn er schlechten Rat erteilt, muß er mit Vergeltung rechnen.

Wie der Verkaufsleiter ist der Personalleiter oft das Opfer seiner eigenen Unzulänglichkeit. Allzuoft geht er lieber auf Nummer sicher und lehnt »unbequeme« Bewerber ab. Die Folge davon ist, daß sich die Organisation schnell mit Männern füllt, die völlig unkreativ sind und etwa soviel unternehmerische Energie haben wie ein kleinerer Beamter im öffentlichen Dienst. Solange die Wirtschaft floriert, machen sich derartige Irrtümer selten bemerkbar, aber sobald eine Rezession einsetzt, sind sie recht deutlich zu erkennen. Und wem könnte man die Unfähigkeit einer Führungskraft besser zur Last legen als dem Mann, der die Verantwortung für dessen Einstellung in das Unternehmen trug?

Natürlich ist es nicht immer Unfähigkeit, die zur Entlassung eines Personalleiters führt. Wenn ein Unternehmen etwa als Teil eines allgemeinen Kostensenkungsprogramms ein

Embargo gegen Neueinstellungen verhängt, dann gibt es für seinen Posten keine Berechtigung mehr. Und wenn man ihn nicht leicht anderswo beschäftigen kann - und wenige Personalleiter haben viele andere marktfähige Kenntnisse -, dann wird er bald die Stellenanzeigen lesen. Die Lehre für Personalleiter wie für jeden anderen Spezialisten daraus ist, daß sie alle Anstrengungen unternehmen sollten, ihren Erfahrungsbereich zu erweitern, um nicht zu lange in einer derart begrenzten Rolle zu bleiben. Es mag befriedigend sein, als Richter und auch als Geschworener zu wirken, aber wenn die Gesetze aufgehoben werden, wer braucht sie dann beide noch?

Der Werbefachmann

Selbst in normalen Zeiten steht der Werbeleiter auf einer der wackligsten Sprossen der Leiter der Führungskräfte; in einer Rezession kann seine Position absolut tödlich werden. Der Haken ist, daß eigentlich jeder Direktor seine eigenen Vorstellungen darüber hat, wie man das Betriebsimage am besten aufzupolieren oder das Produkt den verschiedenen Gruppen der Öffentlichkeit anzubieten hat. Folglich bleibt die Bemerkung »Ich habe es Ihnen ja gesagt« nie aus, wann immer eine Sache falsch läuft. Es ist, als versuche man ein Orchester zu dirigieren, das nur aus Dirigenten besteht.

In einigen großen Konzernen mag der Werbeleiter befugt sein, seine eigenen Werbefeldzüge zu leiten; aber in den meisten Unternehmen ist er schlicht Mittler zwischen dem Vorstand und der Agentur. Das bedeutet, daß er ständig der Gnade sogenannter »Kreativer« ausgesetzt ist, deren unternehmerische Fähigkeiten viel zu wünschen lassen können. Es ist zum Beispiel durchaus vorgekommen, daß ein neues Produkt mit einer Pressekonferenz gestartet wird, bei der keine Journalisten anwesend sind, da die Agentur die Einladungen abzuschicken vergessen hat. Ein weiteres typische Debakel ist es, wenn entscheidende Anzeigen nicht zu den geplanten Terminen veröffentlicht werden, was auf die mangelhafte Kommunikation zwischen der Agentur und den Zeitungen zurückzuführen ist. Es spielt jedoch keine Rolle, wer den Bock geschossen hat, eins ist sicher: Man wird den Werbeleiter dafür verantwortlich machen.

Das würde alles nicht so wichtig sein, wenn er seinen Erfolg nur messen könnte, aber die Werbung ist bekanntermaßen ein unpräzises Gebiet, nicht so greifbar wie die eherne Verkaufsstatistik. Zusätzlich gibt es noch viele Führungskräfte, die in derartigen Ausgaben zum Fenster hinausgeworfenes Geld sehen, reinen Humbug, der nichts zur Gewinnsteigerung beiträgt. Die Folge davon ist, daß der Werbeleiter in Krisenzeiten einem Soldaten gleicht, der ohne Deckung von den feindlichen Maschinengewehren erfaßt wird, wobei einige seiner eigenen Kameraden mitfeuern.

Der Ausbildungsleiter

Obwohl er heute nicht mehr ganz so leicht zu treffen ist wie in der vergangenen Zeit, sitzt der Ausbildungsleiter dennoch auf einem der gefährlichsten Schleudersitze in der Wirtschaft. Wie sein Kollege, der Werbefachmann, leidet auch er unter der Tatsache, daß sich sein Erfolg selten quantifizieren läßt. Gleichermaßen wird auch er rasch auf zahllose Führungskräfte stoßen, die meinen, Ausbildung sei Zeitverschwendung. Aber es gibt noch eine zusätzliche Belastung, die der Ausbildungsleiter zu ertragen hat und die auf sich zu nehmen man von keinem anderen »Entbehrlichen« fordert: Er kann seine Aufgabe nur erfüllen, wenn andere aufhören, die ihrigen zu erfüllen.

Das Problem sicherzustellen, daß genügend Leute freigestellt werden, um an seinen Kursen teilzunehmen, ist das, was dem Ausbildungsleiter bei seiner Arbeit am meisten Kopfzerbrechen bereitet. Allzuoft wird eine Führungskraft, die versprochen hat, eine Reihe Untergebene freizustellen, diese kurz vor Zwölf vom Kurs abmelden und damit den Ausbildungsleiter vor die wenig beneidenswerte Entscheidung stellen, den Kurs entweder abzublasen oder ihn nur mit einem Minimum der ursprünglich vorgesehenen Teilnehmer durchzuführen. Und wenn er gegen ein derart anmaßendes Vorgehen protestiert, wird man ihm unmißverständlich sagen, daß »die Arbeit vorgeht«, was schlicht eine Entschuldigung für mangelhafte Planung ist. Für den Ausbilder ist es in der Tat die klassische Situation des Schachmatt. Wenn er keine Kurse durchführt, beschuldigt man ihn der Faulheit, und wenn er sie durchzuführen versucht, verweigert man ihm die Unterstützung.

Doch einige Ausbilder sind an ihrem Mißgeschick selbst schuld, wenn sie nämlich dauernd mehr versprechen, als sie halten können. Das gilt besonders für jene endemischen Wunderdoktoren, die Managementtrainer, die häufig wie Höllenpriester durch ihre Unternehmen toben und innerhalb von wenigen Tagen wundersame Verwandlungen versprechen. Wenn sich diese Prophezeiungen neuer Welten nicht bewahrheiten, werden sie ausnahmslos zur Zielscheibe heftiger Kritik, denn in Himmel und Hölle gibt es niemand wütenderen als eine betrogene Führungskraft. Es kann kaum überraschen, daß man ihre Dienste während einer Konjunkturabschwächung für äußerst entbehrlich hält. Männer, die von der Selbstverstümmelung anderer zu leben scheinen, sollten sich nicht beklagen, wenn andere ihrerseits zum Messer greifen.

Der Marketingleiter

Fragen Sie ein Dutzend Marketingexperten nach ihrer Definition des Marketing, und es ist sehr wohl möglich, daß Sie zwölf verschiedene Antworten erhalten. Für einige bedeutet es, sich mehr am Verbraucher als am Produkt zu orientieren: andere sehen in ihm lediglich einen Teil des Verkaufens. Aber ungeachtet der Verdienste der einzelnen Theorien ist eines sicher: Wenn die Meinung der Theoretiker geteilt ist, dann sind die Praktiker *verwirrt*.

Im letzten Jahrzehnt hat die Marketingfunktion (was immer das sein mag) die Aufmerksamkeit von Motivationsforschern, außergewöhnlichen Soziologen, gelehrten Mathematikern und ehrgeizigen Doktoranden der Wirtschaftswissenschaften auf sich gelenkt. In großen Konzernen haben sie die Ausmaße eines Mönchsordens angenommen, der sich esoterischen Ritualen widmet, die angeblich wissenschaftlich sind. Trotz aller Regressionsanalysen, Markow-Ketten und Input-Output-Tabellen bleibt Marketing tatsächlich im Grunde ein Ermessensprozeß, in dem ein Gramm Fingerspitzengefühl eine Tonne Theorie aufwiegt. Der wichtigste Beitrag bestand darin, eine entscheidende Frage aufgeworfen zu haben: »Was machen wir hier eigentlich?« Und es ist gelegentlich sogar gelungen, diese Frage schlecht und recht zu beantworten.

Kürzlich hat viele Marketingspezialisten das Schicksal ereilt, das jeden Medizinmann erwartet, wenn sich sein Zauber zu verflüchtigen beginnt: Sie haben das Gesicht verloren, und einige sind sogar aus ihrem Stamm ausgestoßen worden. Diese wachsende Ernüchterung über Marketingspezialisten spiegelt sich augenblicklich nur teilweise in den Stellenangeboten wider (denn von einem bestimmten Medizinmann enttäuscht zu sein, bedeutet nicht unbedingt, Zweifel an der Magie als solcher zu haben). Aber im Alltag des Konkurrenzkampfes kann das Leben eines Marketingspezialisten in zunehmendem Maß widerlich, hart und kurz sein - und das ist es auch oft. Die Überlebenden sind die, in die man die geringsten Erwartungen gesetzt hat.

Der Unternehmensplaner

Der Unternehmensplaner gehört einer noch recht seltenen Art an, die hauptsächlich in riesigen internationalen Organisationen mit festen Kontakten zu Wirtschaftsakademien zu finden ist. In großem Maß ist er eine Managementkreuzung (die Abstammungslehre hat dafür auch die Bezeichnung »Bastard«): zum Teil Rechnungsführer, zum Teil Wirtschaftswissenschaftler, zum Teil Geschäftsmann, zum Teil Bürokrat. Wie der Marketingleiter ist er einer der offiziellen Hellseher des Unternehmens, aber arbeitet in einem unendlich weiteren Rahmen. Seine Aufgabe ist es, Fluktuationen im Konjunkturverlauf vorauszusehen und den obersten Entscheidungsträgern angemessene Vorschläge zu machen.

Es ist eine undankbare Aufgabe. Es gibt doch so viele unwägbare ökonomische Variablen, die selbst die ausgeklügeltsten Pläne im Nu zunichte machen können. Als ob das nicht schon genug wäre, muß er sich zudem häufig mit nicht kooperationsbereiten Kollegen herumplagen, von denen viele in ihm eine kostspielige Modeerscheinung sehen, dessen

Lebensaufgabe es ist, Berge von Papier zu produzieren. Das kann zu einer Art heimlicher Sabotage führen, die die Erfüllung seiner Aufgabe wirkungsvoll verhindern kann: ungenaue Statistiken, verspätete Berichte und ein praktisches Ignorieren von Anfragen nach Informationen. Aber wieder einmal sind es die unrealistischen Erwartungen der obersten Betriebsführung, die so oft die tiefste Ursache für den Untergang des Planers sind. Die Vorstellung, ein einzelner, noch so energiegeladener Mann könne das Verhalten gigantischer Marktkräfte vorhersagen, ist offensichtlich absurd. Es wäre eigentlich lächerlich, wenn die Konsequenzen des Mißerfolgs für den einzelnen Betroffenen nicht häufig so drastisch wären. Mancher Unternehmensplaner muß mit König Lear geseufzt haben: »Den Göttern sind wir wie Fliegen den bösen Buben: sie töten uns zu ihrem Vergnügen.«

Die anderen Hauptschuldigen sind natürlich jene gelehrten Managementtheoretiker, für die die Wirtschaft ein Schachbrett und die Manager bloße Bauern darauf sind. In der abgeschirmten Welt des Diplomatenseminars scheint alles möglich; keine Festung scheint uneinnehmbar, kein Problem unlösbar zu sein. Allzuoft wird der Unternehmensplaner nicht von seiner eigenen Bombe, sondern von der eines anderen zerrissen; von der des Professors, der den Vorsitzenden davon überzeugt, daß der Posten entwicklungsfähig wäre.

Der Wissenschaftler

Es gibt zwei große Kategorien von Wissenschaftlern in der Industrie: die, die reine Forschung zur Schaffung neuer Produkte betreiben, und die, die hauptsächlich an der Produktentwicklung arbeiten. Während einer Rezession werden beide

Gruppen voraussichtlich verringert werden, vor allem die, die an langfristigen Projekten mit wenig Aussichten auf eine unmittelbare Rendite arbeiten.

In der Forschung tätige Wissenschaftler gehören zu den fachkundigsten und eifrigsten aller White-collar-Arbeiter, aber sie haben mit zwei entscheidenden Nachteilen zu kämpfen, die sich beide als tödlich erweisen können, wenn schlechte Zeiten anbrechen. Erstens werden sie häufig unglaublich schlecht geführt und motiviert, wobei sie oft mit den ungenauesten Instruktionen ohne klare Zielsetzung oder Abschlußtermine arbeiten. Zweitens vertiefen sie sich in ihre Arbeit und versäumen es, ihre politischen Zäune in Schuß zu halten, so daß ihre Stimme in den oberen Rängen kaum zu hören ist. Das bedeutet, daß säbelschwingende Rechnungsführer Kürzungen in deren Haushalt vornehmen können und dabei ein sehr geringes Risiko eingehen, auf entschiedenen Widerstand zu stoßen. Und da die meiste Forschungsarbeit unvermeidlich futuristisch ist, ist es oft schwer, auf irgendwelche unmittelbaren Folgen hinzuweisen, die sich auf die Gewinnlage der Firma verheerend auswirken könnten.

Die Folge davon ist, daß die Opferlämmer der Forschung gehörig geschlachtet werden, während weniger wertvolle Exemplare dem Messer entgehen. Die Abhilfe liegt natürlich in des Forschers eigener Hand. Anstatt sich vom Geschehen im Unternehmen zu isolieren und eine biedermeierische Abscheu vor politischen Auseinandersetzungen zu entwickeln, sollte er wie jede andere Führungskraft auch Druck ausüben, um sicherzustellen, daß seine Interessen nicht übergangen werden. Zum Beispiel sollte er fordern, eine angemessene Managementausbildung zu erhalten, und sich nicht mit Händen und Füßen gegen die Teilnahme an solchen Kursen wehren. Gleichermaßen wichtig ist es, daß er darauf besteht, von den eigenen Vorgesetzten wirksamer geführt zu werden, und dazu ist er kaum in der Lage, wenn er nicht weiß, was gute Führung ist. Kurzum, er sollte seinen Elfenbeinturm verlassen und seine Isolierung überwinden. Mit Wissen allein kann man in der Wirtschaft nicht überleben.

Nicht jede Führungskraft wird von einer Rezession ernsthaft bedroht: Manche blühen sogar auf wie Orchideen bei einem tropischen Sturm. Rechnungsführer sind zum Beispiel in ihrem Element, führen das Wort »Verschwendung« wie gierige Bluthunde im Mund und empfehlen Sparmaßnahmen, die alle außer sie selbst betreffen. Dann sind da die sogenannten »Rationalisierungsfachleute«, die mit Stoppuhren und Rechenschiebern bewaffnet in Gängen und ruhigen Büroecken herumlungern, ständig bereit, über menschliche Unvollkommenheit herzufallen. Aber beneiden Sie sie nicht um die kurzen Augenblicke ihres Ruhms. Auch die sind zu etwas nütze, die nur schwatzend herumstehen.

Kapitel 18
Die Konferenzteilnehmer

Aber bei weitem zahlreicher war die Masse derer,
Die zu wenig denken und zu viel reden.
John Dryden, *Absalom and Achitophel*

Für viele Führungskräfte sind Konferenzen Zeitverschwendung, ein langweiliges Ablenkungsmanöver von den Managementaufgaben. Und obwohl es stimmt, daß Konferenzen oft unproduktiv sind, können sie einem doch viele wertvolle Einsichten in das Verhalten von Führungskräften geben. Hier können Sie wie in wenig anderen Situationen Ihr diplomatisches Können voll einsetzen und von Kollegen mit mehr praktischer Erfahrung lernen. Sie können gleichermaßen aus den Niederlagen anderer lernen und beschließen, nie dieselben Fehler zu begehen. Und während Ihrer Lehrzeit lernen Sie allmählich die folgenden Typen kennen.

Der Manipulator

Besonders augenfällig in Vorstandssitzungen ist der Manipulator, ein Meister rhetorischer Wortgefechte. Er weiß immer genau, was er will, und prüft gründlich alle Vorschläge, die er macht. Er unterwirft jede Idee einem einfachen Test: »Fördert oder bedroht das meine persönlichen Interessen?« Die Antwort darauf entscheidet darüber, wie er argumentiert; das Unternehmensinteresse ist von zweitrangiger Bedeutung.

Die Macht des Manipulators beruht auf drei großen Stärken. Erstens ist er ein äußerst fähiger Kommunikator, der Worte präzise und intuitiv richtig benutzt. Zweitens hat er eine Gabe für persönliche Diplomatie, wobei er niemals versucht, seine Gegner in der Diskussion zu erdrücken, sondern es ihnen zu erleichtern, ihre Meinung zu ändern. Drittens ist er ein scharfsinniger Psychologe, der die Schwächen jedes Anwesenden kennt und sie wirkungsvoll für sich auszunutzen versteht, so, wie ein gewandter Politiker an Probleme herangeht.

Niemals ist er zu direkt oder zu zurückhaltend, und es ist für ihn wesentlich, nie die Beherrschung zu verlieren, wie sehr er innerlich auch vor Wut kochen mag. Er erträgt Dummköpfe nicht nur gelassen, sondern mit Freuden, da er sie ausnahmslos für seine Interessen einzuspannen versteht. Er weiß, daß selbst die strikteste Abwehrhaltung durch gezielte Schmeicheleien zu untergraben ist. Er wird es nie müde, ein Ego zu streicheln oder berechtigte Gewissensbisse zu beschwichtigen.

Der Manipulator ist zum Erfolg geboren; mit seiner Art von Begabung kann er kaum scheitern. Während andere sich streiten, wartet er den Augenblick ab, an dem es für ihn Zeit wird zu intervenieren. Wenn dann die Verwirrung ihren Höhepunkt erreicht und seine Gegner geteilter Meinung sind, schlägt er mit der todbringenden Präzision einer wütenden Kobra zu, wobei er sorgfältig darauf achtet, nicht seine Gefühle zu zeigen. Seine erschöpften Kollegen nehmen seinen Vorschlag an, und sein Ruf als Staatsmann ist um ein weiteres

Stück gewachsen. Es ist nicht so sehr, daß er teilt und besiegt, als daß er andere teilen und sich selbst besiegen läßt.

Der Flüchtling

Der Flüchtling nimmt unermüdlich an Konferenzen teil; sie sind willkommener Balsam für seinen Eigendünkel. Er braucht sie, um seinen alltäglichen Problemen zu entfliehen – vor allem der Notwendigkeit, Entscheidungen zu treffen. Konferenzen werden ihm zur zweiten Heimat, eine behagliche Zuflucht vor den draußen tobenden Stürmen. Er befaßt sich nicht mit dem, was auf der Tagesordnung steht; er ist schon glücklich, überhaupt eingeladen worden zu sein.

Als glühender Liebhaber von Konferenzen kennt er die meisten Tricks und ist in der Verlängerung von Diskussionen besonders erfahren. Ohne Rücksicht darauf, ob er etwas dazu weiß, wird er seine Meinung zu fast jedem Thema äußern, auch wenn das niemals nur den geringsten Erfolg hat. Sobald er zu sprechen beginnt, schalten seine Kollegen in Wirklichkeit ab und scheinen in seiner Intervention ein Pausenzeichen zu sehen. Während seiner umständlichen nichtssagenden Ausführungen gibt es mehr trübe Augen als in einer Schulklasse, in der Kinder Mathematikaufgaben lösen.

Wie dem auch sei, seine Dummheit hat Methode; sie verhindert, daß die Konferenz früh geschlossen wird. Da das immer sein oberstes Ziel ist, ist er ein eifriger Verfechter von »Arbeitskreisen«, was natürlich weitere Konferenzen nach sich zieht. Er wird sich oft freiwillig dazu bereit erklären, an diesen Untersuchungen teilzunehmen und jede notwendige Forschungsarbeit auszuführen. Das liegt nicht daran, daß er akademische Neigungen hat; es erlaubt ihm eben, noch weniger an seinem Arbeitsplatz zu sein.

Wenn er in seine Abteilung zurückkommt, herrscht das Chaos, da es einige Entscheidungen gibt, die nur er treffen kann. Aber allmählich lernen seine Untergebenen, damit fertig zu werden, und es kristallisieren sich inoffizielle Führer heraus. Das macht ihn umgekehrt äußerst verletzlich, wenn der Vorstand daran denkt, die Axt zu schwingen. Es mag schwierig sein, eine fähige Führungskraft zu feuern; leichter geht das bei einer, die meistens, wenn nicht immer, abwesend ist.

Der Guru

Das ist ein Mann, der beschränkt, engstirnig und überspezialisiert ist. Für ihn dreht sich die Welt um sein Spezialthema, und zu jedem anderen Gegenstand weiß er eigentlich nichts. Er ist unfähig, in nichttechnischer Sprache zu kommunizieren, und hat Schwierigkeiten, abstrakte Begriffe zu erfassen. Da ihm jeder Scharfblick abgeht, hinterlassen die Machenschaften anderer bei ihm keinen Eindruck. Er ist von dem besessen, was er »wissenschaftlich erwiesene Tatsachen« nennt, und er hat keinerlei Interesse an Dingen, die sich nicht messen lassen.

Beim geringsten Vorwand wird er seine Kollegen unter einer Flut von Kauderwelsch begraben, das er in der Regel schnell wie ein Maschinengewehr ratternd losläßt. Unempfindlich für Gähnen und unfreundliche Blicke schwätzt er weiter, als ob er einen Vortrag hält, und reagiert mißmutig wie ein Pedant auf jede Unterbrechung. Er kann sich ziemlich aufregen, wenn seine Ideen abgelehnt werden, da sie für ihn schlicht gesunder Menschenverstand sind. Da er keinerlei Gespür für politische Faktoren hat, sieht er jedes Problem schwarz-weiß.

Der Guru ist im Grunde ein Einfaltspinsel, der in allgemeinen Wirtschaftsfragen keinerlei Boden unter den Füßen hat. Trotzdem wird er als technischer Experte durchaus respektiert und man kann sich darauf verlassen, daß er seine ehrliche Meinung äußert. Es lohnt sich immer, ihn auf Ihrer Seite zu haben, vorausgesetzt, Sie können seinen Eifer in Zaum halten. Stellen Sie sicher, daß er sich auf sein Spezialgebiet beschränkt, sonst wird er Ihre Sache bestimmt zu Fall bringen.

Der Missionar

Viele Führungskräfte verabscheuen hitzige Diskussionen; der Missionar aber schwelgt richtig in Auseinandersetzungen. Immer von neuen Ideen berstend, führt er einen Einmannfeldzug gegen die Kräfte der Trägheit und versteht sich blendend darauf, auch die banalsten Probleme zu dramatisieren. Leider sind seine Ideen meistens nicht durchdacht, und mit Detailfragen ist er leicht in die Enge zu treiben. Er gleicht einem Politiker mit einer großen Zukunftsvision, der aber auszuarbeiten versäumt hat, was seine Pläne kosten.

Im Grunde ist er ein liebenswerter, wohlwollender Schaumschläger mit einer Fülle von Ideen, jedoch ohne Sinn für Proportionen. Er wechselt seine Meinung so oft wie sein Hemd, und man kann sich nie darauf verlassen, daß er einen festen Standpunkt bezieht. Da er immer vergißt, seine Hausaufgaben zu machen, können ihm seine nüchternen Kollegen leicht die Luft ablassen, aber er scheint aus diesen bitteren Erfahrungen niemals zu lernen. Mit erstaunlicher Standhaftigkeit geht er wieder zum Angriff über – um eine weitere Niederlage zu erleiden.

Mit Freunden wie dem Missionar können Sie keine Feinde gebrauchen; er ist von Natur aus ein Leichtgewichtler, der problemlos zur Seite zu schieben ist. Aber machen Sie nie den Fehler, ihm in der Diskussion zuzusetzen; es gibt keine sicherere Methode, Ihre Kollegen zu verletzen. Denn obwohl man ihn für etwas unterbelichtet hält, mag man ihn in der Regel wegen seiner reizenden Naivität doch recht gern. Mehr ein Maskottchen, das man zu dulden, als ein Feind, den man zu vernichten hat, hat er viele bezaubernde persönliche Eigenschaften.

Der Vulkan

Der Vulkan ist ein Mann, der zur falschen Zeit geboren wurde; er hätte einen idealen Gefolgsmann für Dschingis Khan abgegeben. Rationaler Diskussion vollkommen unfähig, verachtet er die Artigkeiten kultivierter Diskussion und fühlt sich nur dann richtig in seinem Element, wenn er Anweisungen gibt. Wenn er für etwas eintritt, tut er das in einem unglaublich simplen Stil, er wiederholt sich, aber mit lauterer Stimme.

Es überrascht nicht, daß er ein recht schlechter Politiker ist und keine Vorstellung davon hat, wie man jemandem gut zuredet oder überzeugt. Mürrisch, unerbittlich und häufig grob schüchtert er all die, die nicht seiner Meinung sind, mit einer wirksamen Mischung sarkastischer Schmähreden und explosiv herausgeschleuderter Kraftausdrücke ein. Er ist, kurzum, als Führungskraft ein Barbar, der niemals hätte so hoch steigen dürfen. Die Tatsache, daß überhaupt Menschen seiner Führung anvertraut sind, ist als solche ein Vorwurf gegen das Beförderungssystem des Unternehmens.

Er ist ein Mann, der viele Haßgefühle, aber wenig konstruktive Ideen hat. Für ihn lassen sich alle Probleme des Unternehmens auf wenige grundlegende »Irrtümer« zurückführen, besonders auf dessen Tendenz, die Belegschaft »zu lasch anzufassen«. Seine Komplexe wird er ohne Rücksicht auf deren Bedeutung für den behandelten Gegenstand in fast jede Diskussion einbringen. Und doch ist er trotz all seines Ungestüms und seiner donnernden Rhetorik für den wendigen Manipulator eine leichte Beute, der wohl weiß, daß Schmeicheleien seine Achillesferse sind. Befriedigt darüber, daß jemand seinen Wert zu erkennen scheint, ist er oft der stärkste Verbündete des Manipulators.

Der Schläfer

Der Schläfer ist die Schlafmaus der Managementkonferenz, eine Führungskraft, die aus der Kälte kam. Oft ist er ein altgedienter Angestellter, der bald in den Ruhestand geht, hat sich mit der Sinnlosigkeit der meisten Geschäftskonferenzen abgefunden und wehrt sich energisch dagegen, in Diskussionen hineingezogen zu werden. Als ein erfahrener Staatsmann ohne jede Staatskunst ist er nur auf Grund seines höheren Status anwesend, was manchmal bedeutet, daß er den Vorsitz zu führen hat.

Sein normaler Verteidigungsmechanismus während der Konferenzen ist es, über endlose Stunden hinweg gelassen vor sich hin zu dösen, ohne jemals wirklich einzuschlafen. Während er sich gelegentlich Tagträumen über seinen Ruhesitz in einem Landhaus hingibt, scheint er die Kämpfe um sich herum nicht im geringsten wahrzunehmen; nicht einmal der Vulkan kann ihn ins Leben zurückrufen. Sein einziger Beitrag zu jeder Konferenz ist es gewöhnlich, die Kaffeepause anzukündigen. Solange man ihn in Frieden träumen läßt, kümmert es ihn nicht im geringsten, welche Seite gewinnt.

Obwohl wegen seiner vornehmen Umgangsformen allgemein beliebt, ist der Schläfer eine Führungskraft, die eindeutig »hinüber« ist; er schlägt ganz einfach die Zeit bis zu seiner Pensionierung tot. Es lohnt nicht den Aufwand, sich um seine Unterstützung zu bemühen, da er keinerlei Absicht hat, sich zu engagieren. »Wecke die schlafenden Hunde nicht«, ist sein persönliches Motto, und er tut sein Bestes, danach zu leben. Er interessiert sich weder für Rebellen noch für deren Sache und ist mit den Dingen, so wie sie sind, vollkommen zufrieden.

Der Bürokrat

Dieser Mann liebt geordnete disziplinierte Konferenzen mit korrekten Protokollen und Verfahrensregeln. Als ein großer Pedant und Meister der Wortklauberei besitzt er die unübertroffene Fähigkeit, das Wesentliche nicht zu begreifen, und ist eine der Hauptursachen dafür, daß sich Konferenzen in die Länge ziehen. Da es ihm vollkommen an Überblick und Einfühlungsvermögen fehlt, ist er ein Erzfeind aller originellen Vorschläge, wobei seine eigene Kreativität praktisch gleich Null ist. Man kann sich immer darauf verlassen, daß er die Dinge verzögert und die Begeisterung der anderen dämpft.

Oft kommt er aus der Verwaltung und hat sich aus einer Bürostelle hochgearbeitet. Die Jahre, in denen er Rechnungen und Bestellnummern bearbeitet hat, haben ihm einen Horror vor jedem Risiko und ein zwanghaftes Interesse an unwesentlichen Kleinigkeiten eingeflößt. Er fühlt sich von Verschwendern und Tunichtguten umgeben, die keinerlei Gefühl für den

Wert des Geldes haben. Er sieht in sich einen heiligen Georg der Finanzen, der ununterbrochen die Drachen der Verschwendung erschlägt.

Da er von Natur aus ein Negativ-Denker erster Klasse ist, konzentriert er seine Leidenschaft immer auf Probleme und Schwierigkeiten. Es spielt keine Rolle, wie phantasievoll ein Vorschlag auch sein mag, er wird ihn sicherlich unter Kostengesichtspunkten in Frage stellen. Er kann auch wunderbar Verfahrensfragen ausspielen und liebt es, mit seinem juristischen Vokabular zu spielen. Er ist ewig dabei, Dinge mit »Zusätzen« zu versehen und »Anträge« einzubringen. Als eisiger Charakter ohne eine Spur Humor hätte er einen ausgezeichneten Anwaltsgehilfen abgegeben.

Der Kompromißler

Der Kompromißler ist bei Konferenzen der große Friedensstifter, der Wunden heilt und Egos streichelt. Da ihm jede Art von Konfrontation mißfällt, glaubt er, daß es immer einen »goldenen Mittelweg« gibt, den man bloß zu finden braucht, um allen Übeln abzuhelfen. Er würde es wahrscheinlich kaum fertigbringen, sich auf Prinzipien zu berufen, da er derlei Stellungnahmen im Grunde für nutzlos hält. Worauf es ihm ankommt, ist nicht Schlachten zu gewinnen, sondern zu verhindern, daß Konflikte überhaupt entstehen.

Der Haken ist, daß sich das Leben in der Wirtschaft nicht immer ruhig und in Frieden abspielen kann; es gibt Zeiten, in denen man für seine Überzeugungen kämpfen muß. Der Kompromißler möchte aber auf einem »glücklichen Schiff« fahren, auf dem gute zwischenmenschliche Beziehungen alles bedeuten. Daher bemüht er sich um Scheinabmachungen, deren einziger Erfolg in der Vernebelung der strittigen Punkte liegt. Er würde lieber alles unter den Teppich kehren als zusehen zu müssen, wie wütende Manager den Kampf austragen.

Seine größte Tugend als Konferenzteilnehmer ist es, daß er manchmal dazu beitragen kann, die erhitzten Gemüter abzukühlen und eine Atmosphäre rationaler Diskussion zu schaffen. Als Versammlungsleiter ist er fad und schwach, ständig bereit, dem stärksten Druck nachzugeben. Er läßt sich von den Wutausbrüchen des Vulkans leicht einschüchtern und hat gleichermaßen Angst vor dem Bürokraten. Er ist in Wirklichkeit ein viel zu »netter Kerl«, um irgendwelche echten Hoffnungen haben zu können, nicht als Letzter durchs Ziel zu gehen.

Während die meisten Unternehmen an einer Konferenzmanie leiden, gibt es ein paar, in denen derartige Zusammenkünfte vergleichsweise selten sind. Hier herrscht »Führung durch Diktat« als Stil vor, und partizipative Methoden sind praktisch unbekannt. Unter solchen Bedingungen zu einer Konferenz eingeladen zu werden, ist ein todsicheres Zeichen dafür, daß Sie auf dem Weg nach oben sind. Wenn Ihr Stellvertreter eingeladen wird, ist es höchste Zeit, sich Sorgen zu machen; Sie können genauso sicher sein, daß Sie auf dem Weg nach draußen sind.

Kapitel 19
Vom Regen in die Traufe

Schließlich erhob er sich und griff nach seinem Mantel blau;
Morgen geht's auf zu frischen Wäldern und zu neuer Au.
John Milton, *Lycidas*

Von Zeit zu Zeit wird beinahe jede Führungskraft über ihre derzeitige Arbeitsstelle ernüchtert und fragt sich, ob das Gras jenseits des nächsten Hügels nicht viel grüner ist. Manchmal mag es eine ausbleibende Beförderung sein, die den Anstoß gibt, oder ein unmöglicher Boß oder der Wunsch, mehr Geld zu verdienen. Welche Gründe auch immer Sie haben, wenn Sie an eine Luftveränderung denken, werden Sie sich mit einer Reihe von Fragen auseinandersetzen müssen – sonst könnten Sie leicht einen verhängnisvollen Fehler machen.

Zum Beispiel, welcher Art von Organisation gilt Ihr Interesse? Wissen Sie, was diese Unternehmen in Schwung hält? Welches Betriebsklima entspricht Ihnen am meisten? Kommen Sie unter Druck voran oder scheuen Sie sich, Risiken einzugehen? Machen Sie sich eines klar: Das sind die wirklich wichtigen Punkte, nicht einfach Ihre Fähigkeit, mit der Aufgabe fertig zu werden. Und wenn Sie das nicht realistisch sehen, könnte Ihr neues Shangri-la ein Nagelbett werden.

In Handel und Industrie gibt es, grob gesagt, sechs Typen von Organisationen, unter denen Sie wählen können. Jeder hat seine Stärken und Schwächen und keiner ist dem anderen im Endeffekt überlegen. Alles hängt davon ab, was Sie suchen und was, wenn überhaupt etwas, Sie opfern wollen.

Mörder-AG

Das ist die Firma, in die Sie eintreten sollten, wenn Sie gern gefährlich leben. Es gibt keinerlei affektiertes und erhabenes Getue um soziale Verantwortungen: Sie sind schlicht dort, um Geld für die Aktionäre zu verdienen.

Das Klima in diesen Organisationen gleicht dem von Chicago während der Prohibition. Am Ende jeden Monats entledigt man sich der schwächeren Kollegen, und bald darauf erscheint eine Anzeige in der überregionalen Presse, die die aufregenden Möglichkeiten im einzelnen schildert, die dort auf die Berufsanfänger warten. Aber im Fall von Stellenbesetzungen höherer Führungskräfte greift die Firma wahrscheinlich eher auf die Dienste von Kopfjägern zurück, denn in so regelmäßigen Abständen offen zu annoncieren, würde selbst den arglosesten Stellensuchenden den Braten riechen lassen. Die Strategie des Kopfjägers zielt ausnahmslos darauf hin, das Ego des in Aussicht genommenen Kandidaten zu streicheln. Das Unternehmen kann zum Beispiel als »hart, ohne Flausen und mit beiden Beinen auf der Erde stehend« beschrieben werden – oder als nur an Männern interessiert, die »Erfolge erzielen« können. Oft wird als unternehmerisches Aphrodisiakum das magische Wort »dynamisch« sehr großzügig gebraucht, was impliziert, daß gerade Sie so ein Mann sind.

Um auf einem solchen Schlachtfeld Erfolg zu haben, brauchen Sie zwei Haupteigenschaften. Erstens müssen Sie eine kamikaze-artige Ergebenheit für die Unternehmensinteressen haben; es darf keine Anweisung geben, wie widerlich sie auch sein mag, der Sie nicht willig gehorchen. Zweitens brauchen Sie ein natürliches Gespür für politische Kämpfe und eine Art von eingebauter Radaranlage zur Aufdeckung von Intrigen. Denn Sie müssen sich in solchen Unternehmen nicht nur während der Iden des März in acht nehmen. An *jedem* Tag kann man sich Ihnen, wie Cäsar, auf Ihrem Weg zu einer Konferenz nähern, und Ihr vertrautester Freund und Kollege könnte sich als Ihr Brutus entpuppen. Es ist kurzum eine Welt, in der Sie gewinnen müssen und in der nette Kerle, wie fähig sie auch sein mögen, ausnahmslos ausgetrickst werden.

Vater und Sohn

Ein vollkommener Gegensatz zum wahnsinnigen Machtkampf bei der Mörder-AG ist die feudalistische Atmosphäre einiger Firmen in Familienbesitz. Oft in idyllischen Marktstädtchen gelegen, üben solche Unternehmen eine starke Anziehungskraft auf den Typ von Führungskraft aus, der die Belastungen des städtischen Pendelns satt hat. Auf den ersten Blick scheinen sie ein Himmelreich zu bieten: eine ruhigere Aufgabe in angenehmer Umgebung.

Wenn das nur immer so wäre. Die Frustrationen mögen anderer Art sein, aber sie sind nicht weniger wirklich, besonders wenn Sie an die Arbeit in einer großen Organisation gewöhnt waren. So mancher Ex-Angehöriger einer großen Firma hat es schwer gefunden, sich der Weltanschauung und den Vorurteilen einer Familien-Mafia anzupassen. Diese können von der Weigerung, aggressive Absatzstrategien zu übernehmen, bis zu Belohnungspraktiken reichen, die einen Hauch von russischem Roulett haben. Eine der Strafen dafür, daß man ein großer Fisch in einem sehr viel kleineren Teich wird, ist es, daß man sehr viel weniger Wasser zum Schwimmen hat. Es gibt in großen Gesellschaften zum Beispiel alle Arten von Hilfsdiensten, die in vielen Familienbetrieben einfach nicht vorhanden sind: Entweder Sie übernehmen sie selbst oder kommen ohne das aus. Außerdem werden in den konservativeren Unternehmen selbst Ihre bescheidensten Vorschläge voraussichtlich auf den Widerstand von Männern stoßen, die für neumodische Methoden keinerlei Notwendigkeit sehen.

Aber in einigen Firmen ist das schwerste Kreuz, das Sie zu tragen haben werden, die Vorstellung, daß Sie jetzt Mitglied einer Schar von Familiengefolgsmännern sind. Sie werden zum Beispiel oft feststellen, daß alle männlichen Mitglieder der Familien erwarten, von praktisch jedem unter der Ebene der obersten Geschäftsführung mit »Herr Direktor« angesprochen zu werden. Zugegebenermaßen mag diese Praxis Sie nicht persönlich betreffen, aber sie kann ein Klima schaffen, das sich von dem, an das Sie gewöhnt sind, sehr unterscheidet. Und manchmal sind die Sprößlinge dieser Herrenrasse erstaunlich zahlreich, was von ehrwürdigen Graubärten in den Achtzigern bis zu rotbäckigen Jünglingen reicht, deren Hauptinteresse im Leben die Parforcejagd ist. Aber wenigstens wissen Sie jetzt, wo Sie stehen. Wenn Sie in Ihrer letzten Arbeitsstelle über Ihre Aussichten, Vorsitzender zu werden, Zweifel hegten, brauchen Sie hier keinerlei Zweifel zu haben.

Wenn Sicherheit Ihr Ziel ist und Sie sich durch Bürokratismus nicht zu sehr irritieren lassen, sollten Sie erwägen, in die quasiverstaatlichte Industrie überzuwechseln. Hier ist es eigentlich unmöglich, sich gegen das System aufzulehnen, und wenn Sie ungeduldig werden, riskieren Sie den Ruin Ihrer Karriere. Wenn Sie bisher für eine Hochdruckfirma gearbeitet haben, mögen Sie den Wechsel immerhin als angenehm beruhigend empfinden, eher so wie ein sich zur Ruhe setzender Libero, der sich jetzt dem Schachspiel widmet.

Halten Sie sich vor Augen, daß Sie als Führungskraft in einem quasiverstaatlichten Konzern vor allem die Aufgabe haben, eine Dienstleistung zu erbringen. Solange Sie in Ihrem Job noch neu sind, mögen Sie gelegentlich versucht sein, eine Nebenlinie oder eine unwirtschaftliche Zeche stillzulegen, aber es wird sich in der Regel erweisen, daß das nur vorübergehende Verirrungen waren. Sie werden bald lernen, daß es immer zwingende Gründe dafür gibt, derartige Entscheidungen einem Arbeitskreis zu übergeben, vorzugsweise einem, der von keinerlei Dringlichkeitsempfinden gestört wird. Immerhin kann kein echter Nationalisierer ein Rationalisierer sein. Ihre Aufgabe ist es, Arbeitsplätze zu erhalten, nicht sie zu zerstören. Trotzdem gibt es mindestens zwei Gebiete, auf denen Sie an Ihrem Können feilen sollten: schriftliche Mitteilungen und Vorsitz. Man mag Ihnen an Ihrem früheren Arbeitsplatz beigebracht haben, sich schriftlich so knapp wie möglich auszudrücken; wenn dem so ist, müssen Sie jetzt das Gegenteil tun, oder man wird Sie schnell für einen faulen Kerl halten. Je früher Sie erkennen, daß praktisch alles, was Sie diskutieren, schriftlich festgehalten werden muß, um so schneller werden Sie sich dem Betriebsklima anpassen. Ähnlich tun Sie gut daran, sich vor Augen zu halten, daß die meisten Konferenzen nicht einberufen werden, um Dinge zu erledigen, sondern um eine willkommene Unterbrechung eintöniger Routinearbeiten zu schaffen. Es ist daher Ihre Aufgabe, sie so stark wie möglich in die Länge zu ziehen und Fragen aufzuwerfen, die zu weiteren Konferenzen führen werden. Auf diese Weise werden Sie als ausgezeichneter Vorsitzender bekannt werden, als einer, der sich nicht zu voreiligen Aktionen drängen läßt.

Selbstgestricktes

Trotz all dieser modischen Seminare über das »Marketingkonzept« gibt es noch viele Organisationen, in denen die Produktion König ist. Da sie von Technikern und von Männern, die mit Uhren bewaffnet Zeitstudien durchführen, beherrscht werden, sind das Unternehmen, für die Kunden eine störende Ablenkung von unendlich faszinierenderen technischen Problemen sind. »Verkaufen« ist ein Wort, das man kaum gebraucht, da man davon ausgeht, daß sich das Produkt eigentlich von allein verkauft.

Oft gibt es in diesen Organisationen eine Atmosphäre des »l'art pour l'art«, die eine erfrischende Abwechslung gegenüber all dieser nüchternen Beschäftigung mit den Ergebnissen von Tests und Markterhebungen ist, die ein so fester Bestandteil des Lebens in vertriebsorientierten Unternehmen sind. Wie jeder Techniker Ihnen sagen kann, ist das Leben hier viel einfacher: »Wir haben eine Idee, machen ein Produkt und hoffen, daß der Kunde es kaufen wird.« Natürlich hat ein so sorglos freies Leben seinen Preis, und wenn die Zeiten schlecht werden, wird die Belegschaft häufig dezimiert. Und das kann man sich nur wünschen. Man kann doch nicht erwarten, bahnbrechende technologische Fortschritte zu erzielen, ohne gelegentlich ein paar Karrieren zu vereiteln.

In einer Firma vom Typ Selbstgestricktes müssen Sie gewärtig sein, unter ständigem Druck zu arbeiten. Jeder Tag bringt seinen Anteil an lebenverkürzenden Krisen, die von Maschinenversagen und Kundenbeschwerden bis hin zu Überstundenverboten und Arbeitsniederlegung militanter Arbeitnehmer reichen. Viele dieser Traumata sind völlig selbsterzeugt. Da es zum Beispiel oft nur recht oberflächliche Ablagesysteme gibt, wird viel Zeit darauf verschwendet, Unterlagen auszugraben. Und wenn diese Verhältnisse, die denen in einer Irrenanstalt gleichen, zu Irrtümern in der Lohnabrechnung führen, wie das oft geschieht, dann ist die Bühne für weitere Konfrontationen mit verärgertem Betriebsrat frei, der zum soundsovielsten Mal auf die Schwächen des Systems hinweist. Der Haken bei der selbstgestrickten Firma ist, daß die Betriebsführung viel zu beschäftigt ist, um sich mit Menschen abzugeben: Sie erfahren viel weniger Aufmerksamkeit als die einfachste Maschine. Es überrascht nicht, daß sie dementsprechend reagieren – und ein weiteres Beispiel für die »Aggressivität der Industriearbeiter« liefern.

Wie dem auch sei, es wäre klug zu überprüfen, ob Ihr Lebensversicherungsschutz ausreicht, bevor Sie in diese Art Firma eintreten. Eine regelmäßige jährliche ärztliche Untersuchung ist eine weitere sinnvolle Vorsichtsmaßnahme, die man ergreifen sollte.

Gemischtwarenkonzern mbH

Wie riesige, gutmütige Dickhäuter liegen jene mammutartigen Konzerne und Gesellschaften in der Industrielandschaft verstreut, die einen entscheidenden Einfluß auf die Volkswirtschaft ausüben. Wenn nur einer dieser Leviathane niest, erbleicht die City: Wenn zwei oder drei es tun, steht uns wahrscheinlich eine größere Rezession bevor.

Fraglos beschäftigen einige dieser Unternehmen die größten unternehmerischen Begabungen der Nation und sind sich ihrer sozialen Verantwortung voll bewußt. Der Haken ist, daß sie so häufig Opfer ihrer gestrigen Erfolge sind. Zu viele Monopolprodukte und zu viele Jahre der Marktbeherrschung fordern gerne ihren Tribut, und früherer Ehrgeiz und die Energie von gestern werden allmählich durch eine Fettleibigkeit der Organisation ersetzt; so reagiert das Unternehmen langsamer auf seine stärker unternehmerisch tätigen Konkurrenten. Während der Koloß wächst, schießen Fachbereiche und Abteilungen außerdem wie Pilze aus dem Boden, wobei die Kommunikationswege fast bis zur Grenze der Belastbarkeit unter Druck geraten. Es ist für einen Manager mit individualistischen Begabungen sehr schwer, sich in einem solchen Ameisengewimmel durchzusetzen; noch wird man diesen Individualismus dort besonders gutheißen. Gebraucht werden intelligente, voll angepaßte Führungskräfte, die bereit sind, ihre charakteristischen Eigenarten für das Wohl des Betriebes zu unterdrücken. Eine Begabung, Dinge ins Rollen zu bringen, wird weder gefragt noch belohnt.

Und doch, wenn Sie glauben, daß Zahlen Sicherheit verbürgen, und den Umgang mit kultivierten Menschen mögen, könnte sich das Überwechseln in eine solche Firma durchaus für Sie lohnen. Es ist höchst unwahrscheinlich, daß Sie das Schiff jemals steuern werden, aber andererseits wird man Sie auch nicht in von Haien heimgesuchten Gewässern aussetzen. Noch ein weiterer Vorteil der Arbeit in solchen Unternehmen ist es, daß Sie sehr viel mehr Zeit haben werden, um Ihren außerberuflichen Interessen nachzugehen. Während Sie bei der Firma vom Typ »Selbstgestrickt« an den Wochenenden vollkommen erschöpft sein dürften, werden Sie hier beim Gemischtwarenkonzern mbH Energie sparen können, mit der Sie sich auf Golfplätzen tummeln oder mit Segelbooten herumschippern können. Sie werden auch sehr viel wahrscheinlicher einen langen, von einer jährlich neu angepaßten Pension geschützten Ruhestand genießen.

Piraten der Sieben Meere

Wenn man für einen multinationalen US-Konzern arbeitet, ist das, wie wenn man für eine verkaufsorientierte selbstgestrickte Firma mit einem gelegentlichen Schuß Mörder-AG arbeitet. Was Sie vor allen Dingen erkennen müssen ist, daß Sie in eine halbreligiöse Institution eintreten, die Ihre Bekehrung zu ihrer speziellen Wirtschaftstheologie verlangt. Welche Unterschiede in bezug auf Produkte und Märkte zwischen ihnen auch bestehen mögen - alle amerikanischen Unternehmen haben doch wenigstens einen Glaubenssatz gemeinsam: Es gibt kein höheres Gut als unbegrenztes Wachstum.

Diese Firmen sind das moderne Gegenstück zu Cäsars Legionen, die ohne Ende neue Märkte zu erobern und ihre Herrschaft über die bereits gewonnenen zu festigen trachten. Um Erfolg zu haben, müssen Sie nicht bloß Kompetenz, sondern auch den leidenschaftlichen Glauben an die Mission der Organisation und die Bereitschaft haben, in all den Stunden, die Gott Ihnen schenkt, zu arbeiten. Wenn Sie ein friedliches Familienleben führen möchten, dann treten Sie nicht als Führungskraft in einen multinationalen US-Konzern ein. Immerhin können Sie als Soldat, der in einen Wirtschaftskrieg verwickelt ist, kaum erwarten, daß Punkt fünf Uhr eine Feuerpause eintritt.

Wenngleich es Opfer zu bringen gilt, so gibt es auch viele Entschädigungen: hohe Gehälter, ausgezeichnete Sozialleistungen und nicht zuletzt die Kameradschaft, die sich aus der Mitgliedschaft in einer siegreichen Mannschaft ergibt. Wenn Sie einem vorzeitigen Herzanfall erliegen sollten, können Sie außerdem beruhigt sein, daß die Zukunft Ihrer Witwe finanziell gesichert ist: Man mag ihr in der Tat sehr wohl eine neue Lebensaufgabe geben. Als Gegenleistung müssen Sie sich in den Rahmen des Betriebs einpassen lassen und akzeptieren, daß Ihre Treue zum Betrieb zu allen Zeiten Vorrang haben muß.

Aber hüten Sie sich davor, besonders in Anwesenheit hochgestellter Amerikaner jemals mit Ihrem Bildungsgang oder Ihrer sozialen Herkunft zu prahlen. Diese Männer hegen oft zutiefst leistungsbezogene Ansichten und werden jede Behauptung übelnehmen, sie würden protegiert. Es ist besser, ihnen die Konversation zu überlassen und sich selbst auf solche Themen wie Autos und Golf zu beschränken. Denn hinter dem so schroffen Äußeren kann sich eine recht zart besaitete Seele verbergen, und es ist nur zu leicht, als gefährlicher Intellektueller eingestuft zu werden.

Ein letzter Punkt. Wenn Ihnen keine dieser Zukunftsaussichten wirklich zusagt, könnten Sie natürlich immer Unternehmensberater werden. Es gibt noch reichlich Wirkungsmöglichkeiten für Männer mit Energie und Initiative, die ein Charisma ausstrahlen, das Vertrauen und Zuversicht einflößt. Sie brauchen nicht überragend qualifiziert zu sein: Es gibt in Wirklichkeit Fälle, in denen zuviel Wissen zu einem echten

Hindernis werden kann. Was Sie haben müssen, ist Takt, gesunden Menschenverstand und ein feines Ohr für die Vorurteile des Vorsitzenden. Immerhin kann er sich kaum weigern, dafür zu bezahlen, daß man ihm bestätigt, wie recht er hat.

Kapitel 20
Wenn alle Stricke reißen

Es ist schon die Axt den Bäumen an die Wurzel gelegt.
Matthäus 3,10

Seinen Arbeitsplatz zu verlieren, ob nun durch einfache Entlassung oder wegen Arbeitskräfteüberschuß, gehört zu den traumatischsten Situationen, denen sich eine Führungskraft ausgesetzt sehen kann. Man hat nicht nur mit finanziellen Problemen fertig zu werden: Noch schlimmer ist das Gefühl, auf den Müll geworfen worden zu sein, nicht mehr zu den konstruktiven Bürgern zu gehören. Und so menschlich verständlich solche Reaktionen sind, hat es doch keinen Zweck, über etwas zu brüten, was sich nicht ändern läßt. Immerhin können Probleme von heute Möglichkeiten von morgen sein, vorausgesetzt, man nimmt sie richtig und kreativ in die Hand.

Das allerwichtigste, was eine stellungslose Führungskraft erkennen muß ist, daß eine erfolgreiche Stellensuche sowohl Methode wie auch Spürsinn erfordert; eigentlich sind Sie in weitem Maß selbst Ihres Glückes Schmied. Die Stellenangebote in den Zeitungen zu durchforschen, ist nicht genug: Sie brauchen eine Vielzahl von Taktiken, um Ihr Ziel zu erreichen.

Natürlich gibt es keine einzig wahre Methode, die Erfolg garantieren kann, aber es lohnt sich, alle folgenden in Betracht zu ziehen, damit Sie die eklatantesten Fallen umgehen.

Sehr geehrte Damen und Herren

Wenn Sie auf Stellenanzeigen antworten, gibt es drei goldene Regeln: Lesen Sie die Anzeige sorgfältig, seien Sie in Ihrer Antwort kurz und schneiden Sie Ihren Brief auf die wichtigsten Anforderungen der Arbeitsstelle zu. Denken Sie daran, daß er womöglich gegen eine große Zahl von Konkurrenten um Aufmerksamkeit kämpfen und den Eindruck machen muß, der Beachtung verlangt. Es ist eigentlich Ihre erste Gelegenheit, Ihr Format zu beweisen (und wenn Sie das nicht bringen, wird es auch Ihre letzte sein).

Der Allzweckbewerbungsbrief allein wird nicht ausreichen: Er macht den Eindruck, als ob Sie im Sturm in jeden Hafen einlaufen würden. Was Sie klar und ohne überflüssiges Rankenwerk zeigen müssen, ist, wo sich Ihre Qualifikationen und Erfahrungen mit den Anforderungen für die Stelle decken. Sie sollten nicht den Eindruck erwecken, als ob Sie alles übernehmen könnten: Diesen Irrglauben haben Politiker, nicht praktische Geschäftsleute.

Der nach Maß geschneiderte Brief ist die Lösung. Gehen Sie davon aus, daß das Unternehmen weiß, was es braucht, und auch meint, was es sagt. Wenn zum Beispiel in der Anzeige überdurchschnittliche Erfahrung in Verhandlungen mit der Gewerkschaft verlangt wird, dann sollten Sie auf eine ganze Menge mehr als ein paar sporadische Begegnungen mit Belegschaftsvertretern verweisen können. Wenn die Anzeige einen Jargon gebraucht, vor dem Sie wie der Ochs vorm Berg dastehen, dann setzen Sie gleichermaßen nicht als selbstverständlich voraus, daß er sich leicht in gängigere Begriffe übersetzen läßt (hierher gehört zum Beispiel der Bewerber um eine Stelle als Kontakter, der A+E-Medien für ausländische und einheimische Zeitungen hält). Halten Sie Ihren Brief vor allem kurz. Viele Bewerber scheinen zu glauben, daß mit Arbeit überlastete Mitarbeiter der Personalverwaltungen nichts lieber mögen, als zur willkommenen Abwechslung von ihren alltäglichen Pflichten sich über einen Brief von Tolstoi-Ausmaßen herzumachen. Das entspricht ganz entschieden nicht der Wirklichkeit. Es ist im Gegenteil eine der entmutigsten Aufgaben für jeden Personalverwalter, sich durch die Masse geschwollener, schlecht geschriebener und häufig irrelevanter Bewerbungen durchwühlen zu müssen, die nach einer Stellenanzeige in der überregionalen Presse eintreffen. Die wenigen wirklich durchdachten Briefe heben sich wie Leuchtfeuer aus der Dunkelheit ab.

Grober Schrot

Es kann gut sein, daß Ihr Auftauchen auf dem Arbeitsmarkt in eine Wirtschaftsrezession fällt oder mit sinkender Nachfrage nach Führungskräften Ihres Spezialgebietes zusammentrifft. Sie können es sich natürlich nicht leisten, auf die richtige Anzeige zu warten: Sie werden sich entweder eigene Chancen schaffen müssen oder zum Stagnieren bereit sein.

Die Kunst, nicht angeforderte Bewerbungen zu schreiben, hat viel Ähnlichkeit mit dem Verkauf an der Haustür. Sie haben keine Veranlassung zu glauben, daß der »Kunde« das, was Sie verkaufen, tatsächlich braucht, aber Sie werden versuchen, ihn eben daran zu interessieren. Das Schlüsselwort ist natürlich »Interesse«. Es hat keinen Sinn zu erwarten, daß der Empfänger Ihres Briefes von einem zehnseitigen Elaborat, allgemeine Version, vom Stuhl gerissen wird, das jeden Aspekt Ihrer Laufbahn in mühseligen Einzelheiten aufzählt: Sie brauchen die Schlagfertigkeit eines Rapiers, nicht die Kraft eines Holzhammers, um seine Abwehrhaltung zu überwinden. Das heißt, daß Ihr Brief irgendeinen ungewöhnlichen Punkt enthalten muß, der für Ihren Leser von Interesse ist und ihm hoffentlich das Gefühl vermittelt, daß es die Mühe lohnen könnte, Sie näher zu besehen. Und das bedeutet umgekehrt, daß vorher ein paar Dinge zu erforschen sind.

Zum Glück mangelt es nicht an Informationen über die Probleme und Möglichkeiten der Unternehmen, noch weniger über ihre Produkte und die Märkte, auf denen sie sich betätigen. Als regelmäßige Übung sollten Sie wenigstens den Wirtschaftsteil der erstklassigen Zeitungen zusätzlich zu den Wirtschaftsbeilagen am Sonntag und einer guten Finanzzeitschrift lesen. All diese Quellen können Ihnen zusammen mit den Handelsadreßbüchern viele wertvolle Hinweise für Ihren Brief »auf gut Glück« geben. Zum Beispiel mögen Sie eine Nachricht über ein Unternehmen gelesen haben, das ehrgeizige Pläne zur Expansion im Ausland hat: Natürlich wird es Führungskräfte brauchen, die fließend Französisch und Englisch können. Wenn Sie zufällig über diese Qualifikationen verfügen, dann wird Ihr Brief sicher leichter zu einem Vorstellungsgespräch führen als einer, der eigentlich nur sagt »Bitte sprechen Sie mit mir, ich brauche einen Job«.

Immerhin müssen Sie trotz der sorgfältigsten Recherchen auf viele Enttäuschungen gefaßt sein: Die Ausfallquote bei diesen Briefen ist ausnahmslos hoch. Aber im Vergleich zu den sonstigen typischen Bewerbungen »ins Blaue« haben Sie wenigstens eine Chance. Bei letzteren brauchen Sie ein Wunder.

Traditionelle Zurückhaltung gekoppelt mit einer gewissen Abneigung vor Eigenwerbung hat viele stellungslose Führungskräfte davor zurückscheuen lassen, ihre Verfügbarkeit dadurch öffentlich bekannt zu machen, daß sie sich bei den verschiedenen Stellenvermittlungsbüros für Führungskräfte (einschließlich des stark verbesserten Zentralen Vermittlungsbüro für Führungskräfte der Wirtschaft) registrieren lassen. Man muß zugeben, daß es erbittern kann, wenn man ein Leben des Erfolgs auf ein oder zwei kurze Paragraphen reduzieren muß; aber Sie können es sich nicht leisten, einen möglichen Draht zu einem neuen Arbeitgeber zu ignorieren. Je mehr Angeln Sie auswerfen, um so wahrscheinlicher werden Sie einen Fisch fangen - das sagt schon der gesunde Menschenverstand.

Es ist natürlich ein sehr unpersönliches Verfahren, und auch wenn einige Agenturen mit ihren »Tausenden« von Kundenfirmen tönen, sollten Sie nicht erwarten, daß sich eine Flut von zum Vorstellungsgespräch bittenden Briefen über Sie ergießt. Doch es kostet Sie nichts, sich registrieren zu lassen, und wenn Sie recht marktgängige Fähigkeiten haben, dürfte es nicht allzulange dauern, bis Ihnen ein Fisch an die Angel geht. Wenn Sie aber mehr unternehmerische Interessen haben, könnte es sich lohnen, in der Zeitschrift Ihres Berufsverbandes oder in den häufiger gelesenen Organen der Fachpresse Ihres Wirtschaftszweiges eine Stellenanzeige zu veröffentlichen.

Viele Führungskräfte machen in solchen Stellenanzeigen den Fehler, ihre Qualifikationen mit einer echten Berliner Mauer von Einschränkungen und Verboten zu umgeben, besonders was Gehalt und Status betrifft. Eine »Gehaltsforderung nicht unter 100.000 DM« zu stellen oder einen

»Vorstandsposten mit erstklassiger Pension« zu suchen, ist nicht die realistischste Methode, einen potentiellen Arbeitgeber anzulocken. Immerhin sind wenig Männer im modernen Wirtschaftsleben unentbehrlich, und keiner sollte das besser wissen als eine stellungslose Führungskraft. Um so mehr Grund hat sie, Eigenschaften wie Flexibilität und Aufgeschlossenheit zu vermitteln, anstatt von der Wirklichkeit ihrer Marktsituation unbeirrt zu erscheinen.

Ein gutes persönliches Stellengesuch muß *positiv* sein. Es sollte enthalten, was Sie können, was Ihre Stärken sind, und das Gefühl vermitteln, daß Sie an einer Herausforderung Gefallen finden. Es sollte weder als Mittel genutzt werden, um über Ihre Arbeitsbedingungen zu verhandeln, noch sollte es den Eindruck machen, daß Sie nicht gewillt sind, neue Tricks zu lernen. Denken Sie daran, daß Sie in einer *Verkaufssituation* sind: Es ist aussichtslos, den Draufgänger zu spielen.

Cosa Nostra

Verständlicherweise wird es in unseren leistungsorientierten meritokratischen Zeiten immer unannehmbarer, Beziehungen zu ehemaligen Mitschülern und Studienkollegen spielen zu lassen, um sich seinen Platz auf der Leiter der Führungskräfte zurückzuerobern. Das heißt, daß Sie Ihre Kontakte zur Wirtschaftswelt mit Geschicklichkeit und Vorsicht angehen müssen. Eine plumpe Bitte um einen Arbeitsplatz mag lediglich dazu führen, in Ihrem Gegenüber ein Schuldgefühl zu wecken, und so ein Mann wird sich wahrscheinlich nicht dafür einsetzen, Ihr Geschick wieder in Ordnung zu bringen. Es ist besser, einen indirekteren Weg einzuschlagen, indem Sie betonen, daß Sie »auf dem Markt«, statt stellungslos, sind. Er kann dann das Gefühl haben, daß seine Bemühungen zu Ihren Gunsten lediglich ein lobenswerter Versuch sind, das Brachliegen eines Talentes zu verhindern.

Denken Sie daran, daß ein Netz von Beziehungen nicht über Nacht aufgebaut wird. Auch wenn es Ihnen auf Ihrem Arbeitsplatz im Augenblick bestens geht, ist es lohnend, sich gegen zukünftiges Unheil zu sichern. Das bedeutet nicht nur, die richtigen Leute zu kennen, sondern auch zu wissen, wo sie zu finden sind. Für weniger als die jährlichen Kosten von zwanzig Zigaretten am Tag können Sie Mitglied in einem Klub von Geschäftsleuten oder in einer Reihe von Managementinstitutionen werden, die alle wertvolle Kontakte für Sie herstellen können. So manche stellungslose Führungskraft hat über einem Gin-Tonic in der plüschigen Atmosphäre seines Klubs eine neue Zuflucht gefunden. Wie bei jeder anderen Investition mag es seine Zeit dauern, bis sich solche strategischen gesellschaftlichen Kontakte bezahlt machen; aber wenn Sie sie brauchen, sind sie vorhanden – und das kann früher sein, als Sie denken.

Während Sie noch eine Stellung haben, sollten Sie es sich ähnlich zweimal überlegen, bevor Sie Einladungen, bei Managementkonferenzen einen Vortrag zu halten, ablehnen. Wenn Sie annehmen, beweisen Sie damit nicht nur Ihren Gemeinsinn: Sie gewinnen auch ein wertvolles Forum. Nicht nur unbekannte Schauspieler können plötzlich dadurch zu Ruhm kommen, daß der richtige Produzent sie gesehen hat. Das gleiche kann einem »Niemand« unter den Managern passieren, wenn er Eindruck auf einen Industriekapitän macht, der vielleicht unter den Zuhörern ist. Seien Sie also bereit, gelegentlich für das Abendessen zu singen. Das könnte Ihnen wichtige türen öffnen, wenn Sie einmal vom Pech verfolgt werden.

Bei den Kopfjägern und Beratern für die Auswahl von Führungskräften die Runde zu machen, ist eine weitere lohnende Taktik, vorausgesetzt, Sie sind bei der Wahl der Firmen recht wählerisch. Wenn Sie zum Beispiel ein Mann mit fünfunddreißigtausend im Jahr sind, ist es zwecklos, mit dem Typ von Kopfjäger Kontakt aufzunehmen, der nur an Führungskräften interessiert ist, die mehr als hunderttausend verdienen. Noch sollten Sie sich ein Beratungsunternehmen lediglich auf Grund seiner flotten Stellenanzeigen aussuchen. Das mag eher ein Tribut an die Phantasie des Anzeigenschreibers als ein Indikator für die Leistungsfähigkeit des Unternehmens bei der Vermittlung passender Arbeitsplätze sein. Dies ist noch einmal eine legitime Gelegenheit für Sie, Ihre Kontakte auszunutzen, sowohl um Rat darüber einzuholen, mit welchen Firmen Sie Kontakt aufnehmen sollten, als auch um auf die Tatsache aufmerksam zu machen, daß Sie im Augenblick »zwischen zwei Arbeitsplätzen« stehen.

Werden Sie zum Vorstellungsgespräch eingeladen, achten Sie darauf, daß Sie sich nicht zu sehr aufdrängen. Hüten Sie sich vor einem Overselling Ihrer Fähigkeiten. Wenn Sie auf Ihrem Gebiet bekannt sind, wird der Berater nahezu todsicher eine Akte über Sie haben; wenn nicht, dann verhalten Sie sich nicht so, als ob er seine Hausaufgaben nicht gemacht hätte. Denken Sie daran, daß die Trennungslinie zwischen erfrischendem Selbstvertrauen und latenter krankhafter Selbstsucht oft recht schmal erscheinen kann und der Berater in dieser speziellen Situation der Käufer, nicht der Verkäufer ist. Sie müssen bestrebt sein, den Eindruck eines Mannes zu machen, der nicht nur fachlich kompetent, sondern auch reif und flexibel genug ist, um bei einem breiten Spektrum von

Unternehmen Anklang zu finden. Sie werden das sicherlich nicht erreichen, wenn Sie auf jeden Stellenvorschlag unterhalb der Vorstandsebene wie auf einen persönlichen Affront reagieren.

Die meisten Kopfjäger und Auswahlberater sind mitleidige Männer: In der Regel haben einige der besten dieses Berufs die Qualen der Arbeitslosigkeit in ihrer früheren Laufbahn am eigenen Leib kennengelernt. Das wird sie nicht daran hindern, genauestens zu prüfen, warum gerade Sie und nicht jemand anderes es war, der gefeuert, vorzeitig in den Ruhestand versetzt oder freigestellt wurde; und es wäre besser, Sie hätten eine glaubwürdige Erklärung (treten Sie auf keinen Fall das ausgeleierte Klischee von den »Zwischenmenschlichen Differenzen« breit). Es ist besser, reinen Wein einzuschenken, als sich in einem Netz von Halbwahrheiten zu verstricken. Immerhin werden Sie nicht als Bewerber um die Heiligsprechung bewertet, und es ist absurd zu behaupten, daß Sie nie einen Fehler gemacht haben.

Grüne Weiden

In jedem Manager steckt ein Unternehmer, der nur auf sein Stichwort wartet – so scheint es wenigstens, wenn man von der Zahl der stellungslosen Führungskräfte aus urteilt, die ein eigenes Unternehmen in Gang zu bringen versuchen. Unglücklicherweise sind fachliche Kompetenz und Begeisterung zwar wichtig, aber selten ausreichend, um den Fortbestand zu sichern. Sie müssen nicht nur jene sprichwörtliche Marktlücke finden: Sie brauchen auch eine besondere Anpassungsfähigkeit und ein dickes Fell, das Ungewißheit ertragen kann. Sie brauchen auch Glück.

Machen Sie sich keine Illusionen: Je länger Sie (besonders in großen Organisationen) angestellt waren, um so mehr Schwierigkeiten werden Sie haben, sich damit abzufinden, eine Einmanntruppe und für Produktion, Vertrieb, Rechnungswesen und Forschung selbst verantwortlich zu sein. Längst bevor die Axt Sie trifft, sollten Sie eigentlich Notstandspläne für eben einen solchen Tag gemacht haben, indem Sie so viele Informationen wie nur möglich über den Geschäftszweig, an dem Sie interessiert sind, zusammengetragen haben. Ein Büro zu mieten und sich selbst Berater zu nennen, mag Ihrem Ego schmeicheln, aber es wird Ihre Solvenz dahinschwinden lassen. Sie müssen mit Leuten reden, die sich auf dem von Ihnen ins Auge gefaßten Gebiet auskennen; mit den Marktentwicklungen Schritt halten; und vor allem die überragend wichtigen finanziellen Fragen mit Ihrem Bankmann oder Steuerberater diskutieren.

Der Postenjägerei müde, entscheiden sich viele frühere Führungskräfte, mit einer vollkommen neuen Laufbahn zu beginnen. Managementlehrgänge zu halten, ist eine besonders beliebte Lösung, aber auch dieser Schritt bedarf der sorgfältigen Planung und eines ausgeprägten Problembewußtseins. Nicht jede Führungskraft hat die geistige Beweglichkeit oder auch die Kommunikationsfähigkeit, um ein guter Lehrer zu sein, und die gemächlichere Gangart des akademischen Lebens kann für einen Mann, der an ein Leben unter mehr Druck gewöhnt ist, manchmal frustrierend sein. Wenn Sie niemals die Dringlichkeit verspürt haben, Menschen zu fördern, oder wenn Sie niemals daran gewöhnt wurden, daß Ihre Ideen in Frage gestellt werden, dann wäre das Lehren für Sie keineswegs eine leichte Alternative. Leider können die, die etwas leisten können, oft nicht lehren.

Die gleichen Erwägungen sind auf jede Art von radikalem

Ausscheiden aus dem Wirtschaftsleben anzuwenden; zum Beispiel auf Krankenhausverwaltung oder öffentliche Dienste. Wer sich in einer neuen Karriere erfolgreich anpassen kann, gehört oft zu den Männern, die wenig Illusionen über ihr eigenes Temperament und ihre Persönlichkeit haben.

Einen neuen Arbeitsplatz zu finden, ist wie eine Schlacht zu schlagen: Um Erfolg zu haben, brauchen Sie sowohl eine Strategie wie auch taktisches Können. Überragende Bedeutung hat die Notwendigkeit, die Netze weit auszuwerfen und bei der Schaffung neuer Möglichkeiten eher aggressiv als passiv zu sein. Vor allem dürfen Sie bei Enttäuschungen und Rückschlägen nicht verzweifeln: Diese müssen sich einstellen, während Sie den Markt prüfen. Im wesentlichen brauchen Sie die gleichen Eigenschaften »Ausdauer und Zielstrebigkeit«, die Sie hoffentlich an den Tag gelegt haben, als Sie noch eine Stellung hatten. Und Sie sind es sich schuldig, nicht weniger als Ihr Bestes zu geben.

Literaturhinweise

Bücher sprechen klar und wahr,
wenn Berater beginnen zu stammeln.
Francis Bacon, *Essay*

Battalia, William und John Tarrant: Der Management-Eunuch. Moderne Industrie 1974

Cleverly, Graham: Zauberformel Profit. Rituale und Tabus im modernen Management. S. Fischer 1972

Heller, Robert: Manager m.b.H. Wie sie sind und für was sie sich halten. Hoffmann und Campe 1973

Jay, Antony: Management und Machiavelli. Von der Kunst, in unserer organisierten Welt oben zu bleiben. Econ 2. Aufl. 1969

Kelly, Al: Was tun - was lassen. Tips und Ratschläge für erfolgreiche Berufsarbeit. VDI-Verlag 1975

Packard, Vance: Die Pyramidenkletterer. Econ 1965

Parkinson, C. Northcote: Parkinsons Gesetz und andere Untersuchungen über die Verwaltung. Econ 1965
Peter, Laurence und Raymond Hull: Das Peter-Prinzip oder die Hierarchie der Unfähigen. Rowohlt 1970
Townsend, Robert: Hoch lebe die Organisation. Aus der Trickkiste des Erfolgsmanagers. Droemer 1970
Whyte, William H.: Herr und Opfer der Organisation. Econ 1958